KB265048

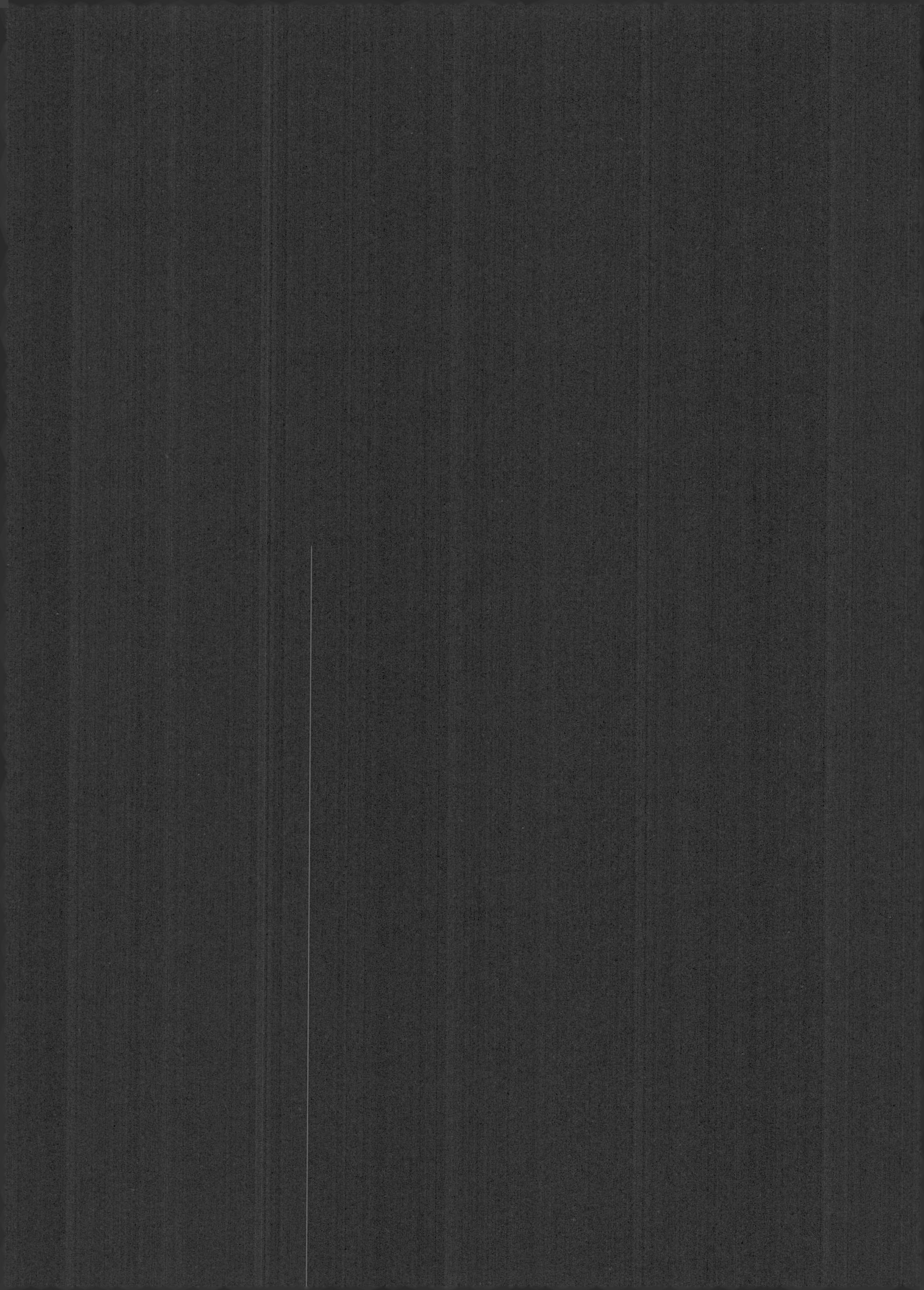

한국어능력시험
고급
TOPIK Test Of Proficiency In Korean
어휘로
잡아라!

저자 소개

천성옥

한국외국어대학교 대학원 글로벌문화콘텐츠학과 박사 과정
이화여자대학교 국제대학원 한국학과 한국어교육 석사
현) 인덕대학교 국제교육센터 한국어 전임 강사
전) 한국국제교류재단 문화센터 한국어교실 팀장
전) 국립한경대학교 국제어학원 한국어 강사
Master Topik 중·고급 온라인 강의
저서: 『TOPIK 실전모의고사』(2015)
　　　『TOPIK 만점에 도전하라』, 『TOPIK 어휘로 잡아라』
　　　(2013, 공저)
　　　『열린 한국어』, 『한국어교실 엿보기』(2011, 공저)
　　　『거침없이 한국어』(2013, 공저)
　　　『TOPIK 한 번에 패스하기』(2010, 공저)
　　　즐거운 한국어 문법(2016)
　　　셰프한국어(2010)

김윤진

한양대학교 교육대학원 외국인을 위한 한국어교육 석사
현) 한양대학교 국제교육원 한국어 강사
전) 한국국제교류재단 문화센터 한국어교실 강사
저서: 『열린 한국어』(2011, 공저)
　　　『TOPIK 만점에 도전하라』, 『TOPIK 어휘로 잡아라』
　　　(2013, 공저)

차은영

한국외국어대학교 국제지역대학원 한국학과 박사 수료
한국외국어대학교 국어국문학과 외국어로서의 한국어교육 석사
현) 한국외국어대학교 한국어문화교육원 강의전담 강사
전) 인덕대학교 국제교육센터 한국어 강사
전) 한국국제교류재단 문화센터 한국어교실 강사
저서: 『TOPIK 만점에 도전하라』, 『TOPIK 어휘로 잡아라』
　　　(2013, 공저)

TOPIK 어휘로 잡아라!  고급

초판 1쇄 발행　2013년 8월 8일
　　2쇄 발행　2018년 1월 25일

지은이　천성옥 · 김윤진 · 차은영
펴낸이　박민우
기획팀　송인성, 김선명, 박종인
편집팀　박우진, 김영주, 김정아, 최미라, 전혜련
관리팀　임선희, 정철호, 김성언, 권주련, 이지율
펴낸곳　(주)도서출판 하우

주소　서울시 중랑구 망우로68길 48
전화　(02)922-7090
팩스　(02)922-7092
홈페이지　http://www.hawoo.co.kr
e-mail　hawoo@hawoo.co.kr
등록번호　제475호

값 18,000원
ISBN 978-89-7699-924-5　13710

한국어능력시험
고급

TOPIK
Test Of Proficiency In Korean

어휘로 잡아라!

천성옥 · 김윤진 · 차은영

Hawoo Publishing Inc.

머리말

외국어를 공부할 때 가장 필요한 것이 어휘력이라고 할 수 있을 것이다. 아무리 문법을 잘 알고 있다고 하더라도 어휘력이 떨어진다면 유창한 언어 구사는 머나먼 길이 아닐 수 없다. 이와 마찬가지로 한국어능력시험을 준비하는 학습자들 역시도 자주 출제되는 고빈도의 필수 어휘를 익혀 두어야만 좋은 성적을 거둘 수 있을 것이다.

이번에 출간되는 어휘집은 수험자들의 목마름을 단번에 해소할 수 있는 필수 어휘 1200개와 실전 연습 문제를 포함하고 있다. 한국어능력시험의 21회부터 28회까지 총 8회의 기출문제에서 사용된 고빈도 어휘만을 추출하여 분석하였고 기출 회차와 함께 영어, 일본어, 중국어 번역을 수록해서 학습을 용이하게 하였다.

시험에 출제된 관련어까지 모두 예문과 함께 제시하였으며 어휘 및 문법 영역에서의 유형별 연습 문제를 풍부하게 수록하여 수험 준비를 완벽하게 할 수 있도록 하였다. 표제어를 찾아보기 편리하도록 가나다순으로 정렬하여 학습자의 입장을 최대한 고려하였다. 또한 21회부터 28회까지 출제되었던 모든 속담을 알기 쉬운 예문을 통해 학습할 수 있게 하였다.

함께 출간되는 유형별 전략 대비서와 본 어휘집으로 시험을 준비한다면 고급 단계의 한국어능력시험에서 좋은 결과를 얻을 수 있을 것으로 기대한다.

아울러 다양한 한국어 교재를 만들기 위해 늘 많은 관심과 열정을 보여 주시는 (주)도서출판 하우의 박민우 대표님을 비롯하여 예쁜 책으로 거듭날 수 있게 도와주신 편집팀과 여러 관계자 여러분께 깊은 감사의 뜻을 전한다.

2017년 10월
저자 일동

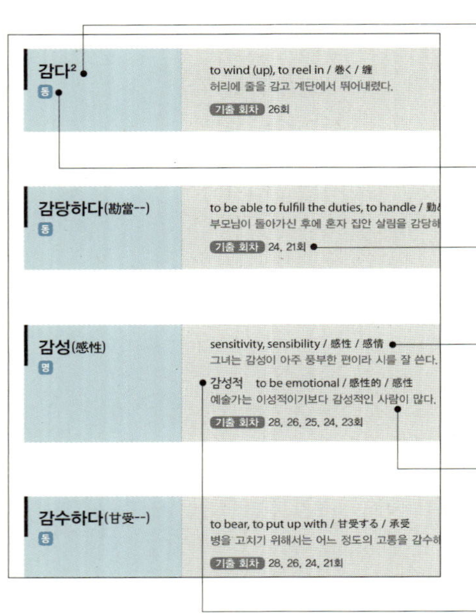

1. 한국어능력시험 21회~28회에 출제된 어휘가 가나다순으로 정리되어 쉽게 찾아볼 수 있습니다.

2. 각각의 어휘에는 품사 정보와 함께 기출 회차가 표기되어 있어 사용 빈도를 학습자 스스로 확인해 볼 수 있습니다.

3. 표제어에는 영어, 일본어, 중국어로 된 번역어를 표기하였습니다.

4. 기출문제에서 사용된 의미를 기준으로 예문을 수록하여 시험에서 자주 쓰이는 의미 중심의 어휘 학습이 가능합니다.

5. 한국어능력시험에 출제된 관련어를 수록하였으므로 어휘를 확장하여 익히기 수월합니다.

6. 학습한 어휘를 바로 확인해 볼 수 있도록 6쪽마다 15개의 연습 문제가 수록되어 있습니다. 한국어능력시험 어휘·문법 영역의 문제 유형을 최대한 반영하여 어휘 학습과 확인까지 충분하게 할 수 있게 하였습니다.

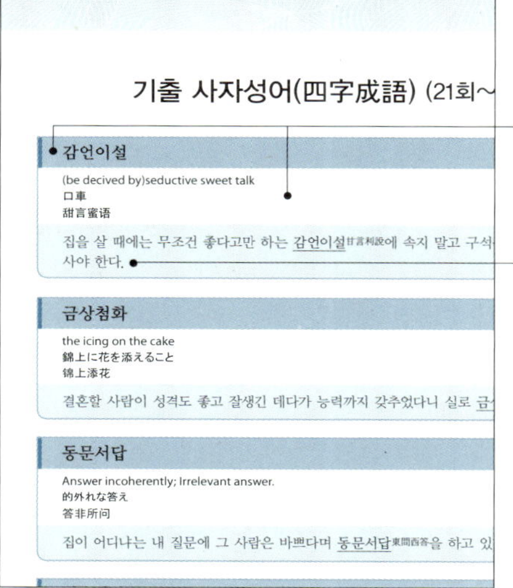

7. 한국어능력시험 21회~28회의 어휘·문법 영역에 출제된 사자성어, 관용 표현, 속담을 상황별 예문과 함께 수록하였고 각각의 번역문을 병기하여 이해를 쉽게 하였습니다.

8. 각각의 표현마다 그 표현이 사용되는 예문을 함께 제시하여 맥락을 통해 그 의미를 확인할 수 있습니다.

차례

가공(加工)

명

manufacture, process / 加工 / 加工
그 나라는 농산물 가공 기술이 발달하였다.

가공되다 to be processed / 加工される / (被)加工
요즘은 자연 재료로 만든 식품보다 가공된 식품이 많다.

가공하다 to process / 加工する / 加工
가공하지 않은 자연 그대로의 음식 재료가 좋다.

기출 회차 28, 23회

가라앉다
동

1. to sink / 沈む / 下沉
배가 태풍을 만나 바닷속으로 가라앉았다.

2. to settle down / おさまる / (气)消
선생님의 화가 가라앉으실 때까지 기다리자.

기출 회차 28, 23, 22회

가려내다
동

to sort out, to pick out / えり分ける / 分拣
어느 것이 진짜인지 가려내야 한다.

기출 회차 27, 25, 24회

가무잡잡하다
형

to be darkish / やや黒くてぱっとしない / 黑黝黝
그녀는 여름휴가를 다녀온 뒤에 피부가 가무잡잡해졌다.

기출 회차 26회

가문(家門)

명

one's family / 家門 / 家门
우리 아버지는 훌륭한 가문에서 태어나셨다.

기출 회차 26, 25회

가사(家事)
명

housework, housekeeping / 家事 / 家务
아내는 요즘 가사와 육아 때문에 휴직했다.

기출 회차 27, 23회

가상(假想)
명

virtuality / 仮想 / 假想
그 영화는 가상의 세계를 실제처럼 잘 표현하고 있다.

기출 회차 28, 27회

가속화(加速化)
명

acceleration / 加速化 / 加速化
최근 농촌의 인구 고령화 현상이 가속화되고 있다.

기출 회차 27, 23회

가입(加入)
명

signup, subscription / 加入 / 加入
동아리 회원 가입 문의는 전화로 가능하다.

기출 회차 28, 27회

가치관(價値觀)
명

values, sense of value / 価値観 / 价值观
사회가 변화함에 따라 가치관도 함께 변하고 있다.

기출 회차 27, 26, 23회

가파르다
형

to be steep, to be sheer / 勾配が急だ / 陡
가파른 산길을 힘들게 올라 정상에 도착했다.

기출 회차 26, 25, 24, 21회

가하다(加--)
동

1. to apply / 加える / 施加
유리병에 열을 가하자 흰 연기가 발생했다.

2. to accelerate / (スピードを)出す / 增加
학교 근처를 지날 때에는 자동차에 속력을 가하면 안 된다.

기출 회차 25, 21회

각도(角度) 	angle / 角度 / 角度
명	사람은 언제나 자신에게 유리한 각도에서 상황을 판단하게 된다.
	기출 회차 28, 21회

간격(間隔) 	interval, space / 間隔 / 间隔
명	비행기 앞 좌석과의 간격이 너무 좁아서 불편하다.
	기출 회차 22, 21회

간섭하다(干涉--) 	to interfere (in), to meddle (in) / 干涉する / 干涉
동	아이가 자라면 부모가 간섭하는 것을 싫어한다.
	기출 회차 22, 21회

간절하다(懇切--)	to be desperate / 懇切だ / 恳切
형	명절이 되면 고향에 가고 싶은 마음이 더욱 간절해진다.
	기출 회차 28, 23회

간접적(間接的) 	indirection / 間接的 / 间接的
명 관	영화를 보는 관객들은 주인공의 인생을 간접적으로 체험한다.
	상대방의 기분이 상하지 않도록 간접적 표현을 사용하기도 한다.
	기출 회차 25, 23, 22회

간편하다(簡便--) 	to be simple, to be convenient / 簡単だ、手軽だ / 简便
형	여행 가방은 되도록 간편하게 싸는 것이 좋다.
	기출 회차 28, 23회

간혹(間或)
부

sometimes, occasionally / 時々 / 间或
인터넷 정보는 간혹 잘못된 경우가 있기 때문에 주의해야 한다.
기출 회차 26, 21회

갈등(葛藤)
명

conflict / 葛藤 / 矛盾
사회 계층 간의 갈등이 점점 심해지고 있다.
기출 회차 26, 24, 21회

갈아입다
동

to change (one's clothes) / 着替える / 更換
편한 옷으로 갈아입고 산책을 나갔다.
기출 회차 27, 21회

갈피
명

one's mind(decision) / 要領(がつかめない) / 头绪
문제가 너무 어려워서 어떻게 풀어야 할지 갈피를 못 잡겠다.
기출 회차 27, 26, 24회

감각(感覺)
명

sense, sensation / 感覚 / 感觉
그녀는 패션 감각이 뛰어나서 언제나 사람들의 시선을 끈다.
기출 회차 27, 26회

감다[1]
동

to close (one's eyes), to shut (one's eyes) / つぶる / 闭上
눈을 감고 추억 속으로 빠져들었다.
기출 회차 28회

감다²
동

to wind (up), to reel in / 巻く / 纏
허리에 줄을 감고 계단에서 뛰어내렸다.

기출 회차 26회

감당하다(勘當--)
동

to be able to fulfill the duties, to handle / 勤める / 承担
부모님이 돌아가신 후에 혼자 집안 살림을 감당해야 했다.

기출 회차 24, 21회

감성(感性)
명

sensitivity, sensibility / 感性 / 感情
그녀는 감성이 아주 풍부한 편이라 시를 잘 쓴다.

감성적　emotional / 感性的 / 感性
예술가는 이성적이기보다 감성적인 사람이 많다.

기출 회차 28, 26, 25, 24, 23회

감수하다(甘受--)
동

to bear, to put up with / 甘受する / 承受
병을 고치기 위해서는 어느 정도의 고통을 감수해야 한다.

기출 회차 28, 26, 24, 21회

감수성(感受性)
명

sensitivity, sensibility / 感受性 / 感性
동생은 감수성이 풍부해서 영화나 드라마를 보며 잘 운다.

기출 회차 28, 26, 24, 21회

감시(監視)

명

surveillance, observation / 監視 / 监视
좋은 상품을 만들기 위해서 소비자의 감시가 필요하다.

감시 카메라　surveillance camera / 監視カメラ / 监控相机
어두운 골목에 감시 카메라가 설치되었다.

기출 회차　24, 21회

감싸다

동

to cover (up), to wrap (up) / 包む / 裹
샤워를 하고 큰 수건으로 몸을 감싸고 욕실에서 나왔다.

기출 회차　27, 25회

감안하다(勘案--)

동

to consider, to allow for / 勘案する / 考慮
사회적인 현실을 감안하여 정책을 세워야 한다.

기출 회차　22, 21회

강단(講壇)
명

platform, podium / 講壇 / 讲台
김 교수는 정치 쪽으로 나가지 않고 대학 강단을 지켰다.

기출 회차　22, 21회

연습 문제

※ [1~11] 다음 (   )에 알맞은 것을 고르십시오.

1 최근에는 (   )하지 않은 천연 재료로 만든 음식이 인기를 끌고 있다.
① 가능　　　　　② 가상　　　　　③ 가정　　　　　④ 가공

2 사람들은 언제나 자신에게 유리한 (   )에서 사건을 바라보는 경우가 많다.
① 각도　　　　　② 지도　　　　　③ 정도　　　　　④ 기도

3 아이의 (   )을 발달시키기 위해서는 음악을 많이 듣게 하는 것이 좋다.
① 계산　　　　　② 의식　　　　　③ 감성　　　　　④ 경쟁

4 김 교수는 국제 경제의 흐름에 대한 (   )이 매우 뛰어나다.
① 시선　　　　　② 감각　　　　　③ 결정　　　　　④ 자격

5 자연환경을 보호하기 위해 시민들의 적극적인 (   )가 필요하다.
① 조화　　　　　② 제도　　　　　③ 의도　　　　　④ 감시

6 내가 (   )에는 너무 힘든 일이라서 동료들에게 도움을 요청했다.
① 감당하기　　　② 감사하기　　　③ 감안하기　　　④ 감상하기

7 다음 시간은 달리기 연습을 해야 하니까 체육복으로 (   ) 나가자.
① 접어놓고　　　② 갈아입고　　　③ 올려놓고　　　④ 놓아두고

8 어머니는 동생의 병이 빨리 나을 수 있게 (   ) 마음으로 기도를 하셨다.
① 새로운　　　　② 엄격한　　　　③ 대단한　　　　④ 간절한

9 사장은 신입 사원에게 전체 제품에서 불량품을 (   ) 일을 지시했다.
① 가려내는　　　② 돌려주는　　　③ 들어주는　　　④ 밝혀내는

10 정 교수님은 대학 (   )에 서는 것이 가장 큰 보람이라고 하신다.

① 강연   ② 강좌   ③ 강의   ④ 강단

11 날씨가 갑자기 추워져서 두꺼운 담요로 몸을 (   ).

① 걸었다   ② 감쌌다   ③ 권했다   ④ 꺼냈다

※ [12~13] 다음 밑줄 친 부분과 의미가 가장 비슷한 것을 고르십시오.

12 인터넷 게시판에는 <u>간혹</u> 잘못된 정보들이 올라오는 경우가 있다.

① 가끔   ② 미처   ③ 혹시   ④ 차마

13 노사 간의 <u>다툼</u>을 극복하고 새로운 미래를 향해 나아가야 할 것이다.

① 관심   ② 경쟁   ③ 갈등   ④ 화합

※ [14~15] 다음 (   )에 공통으로 들어갈 단어를 고르십시오.

14
유리병에 열을 (   ) 깨지기 쉬우므로 주의해야 한다.
눈이 내려 얼어붙은 도로에서 속력을 (   ) 매우 위험하다.
시민 단체에서 환경 보호를 위해 당국에 압력을 (   ) 있다.

① 더하다   ② 가하다   ③ 전하다   ④ 취하다

15
찬물에 머리를 (   ) 감기에 걸려서 고생을 했다.
상대 선수가 내 목을 두 팔로 (   ) 놓아주지 않았다.
바위산을 내려갈 때에는 줄을 허리에 단단히 (   ) 한다.

① 매다   ② 잡다   ③ 감다   ④ 치다

강요하다(强要--)
동

to force, to compel / 強要する、押しつける / 强迫
종교의 선택을 강요해서는 안 된다.

기출 회차 27, 21회

강인하다(强靭--)
형

to be tough, to be strong / 強靭だ / 坚强
이 일을 하기 위해서는 강인한 체력이 있어야 한다.

기출 회차 27, 24회

강화하다(强化--)
동

to strengthen, to reinforce / 強化する、強める / 加强
국가 경쟁력을 강화하려면 교육에 대한 투자를 늘려야 한다.

강화되다　to be strengthened / 強化される / 增强
월드컵 개최 이후 한국 축구의 공격력이 더욱 강화되었다.

기출 회차 28, 27, 25, 21회

개념(槪念)
명

concept, idea / 概念 / 概念
봉사 활동을 하기 전에 자원봉사의 개념을 먼저 이해해야 한다.

기출 회차 25, 24, 23, 22, 21회

개설하다(開設--)
동

to open, to set up / 開設する / 开设
통장을 개설하기 위해 은행에 갔다.

기출 회차 27, 23회

개체(個體)
명

entity, individual (being) / 個体 / 个体
생물은 개체 수를 늘리기 위한 노력을 계속한다.

기출 회차 25, 21회

개편(改編)
 명

reorganization, reformation / 改編 / 改编
새 학기를 위한 교과서 개편 작업이 진행 중이다.

기출 회차 26, 24회

객관적(客觀的)
 명 관

objective / 客觀的 / 客观
사람을 평가할 때에는 객관적인 시각으로 판단해야 한다.
문제를 해결하려면 먼저 객관적 분석이 필요하다.

기출 회차 22회

거대하다(巨大--)
형

to be huge, to be gigantic / 巨大だ / 巨大
거대한 태풍이 다가오고 있다는 말에 모두가 긴장하고 있다.

기출 회차 28, 25, 24회

거듭하다
 동

to repeat / 重ねる / 反复
사람은 누구나 실수를 거듭하면서 성장하는 것이다.

기출 회차 27, 25회

거만하다(倨慢--)
형

to be arrogant, to be snobbish / 傲慢だ / 傲慢
그의 거만한 태도에 화가 나서 밖으로 나왔다.

기출 회차 28, 24, 21회

거부하다(拒否--)
 동

to refuse, to reject / 拒否する / 拒绝
학교 교육을 거부하고 자녀를 직접 교육시키는 사람들이 있다.

거부감　repulsion / いやな感じ / 排斥感, 逆反感
처음 보는 음식이라서 거부감이 들었다.

기출 회차 28, 25, 22, 21회

거세다
형

to be fierce, to be wild / 激しい / 猛烈
바람이 거세게 불어서 유리창이 깨질 것 같다.

기출 회차 27, 25회

거액(巨額)
명

large amount of money, big money / 巨額 / 巨额
그 사람은 거액을 기부하여 사람들을 깜짝 놀라게 했다.

기출 회차 26, 21회

거주(居住)
명

residence, habitation / 居住 / 居住
모든 국민은 거주와 이동의 자유가 있다.

거주하다　to reside, to live / 居住する、住む / 居住
그는 거주할 곳이 없어서 이곳저곳을 돌아다닌다.

기출 회차 25, 23회

거추장스럽다
형

to be cumbersome, to be burdensome / 面倒だ / 碍手碍脚
옷을 너무 많이 입어서 움직이기가 거추장스럽다.

기출 회차 25, 24회

거칠다
형

1. to be rough, to be coarse / 荒い / 粗暴
화가 나면 말이 거칠게 나오기 쉽다.

2. to be uneven / 荒い / 不均匀
아이의 숨소리가 거친 것을 보니 아직 많이 아픈가 보다.

3. to be violent / 荒っぽい / 粗鲁
그는 성격이 거친 편이라 사람들과 싸움을 자주 한다.

기출 회차 26, 23, 22회

건드리다
 동

1. to touch, to jog / 触る / 碰
언니 물건을 허락도 없이 건드려서 혼이 났다.

2. to touch / 触れる / 触动
다른 사람의 아픈 상처를 건드리면 안 된다.

기출 회차 28, 26회

걸치다
동

1. to wear, to put on / わたる / 经过
2년에 걸쳐 연구를 거듭한 결과 드디어 성공할 수 있었다.

2. to be widespread / わたる / 遍布
인구 조사가 전국에 걸쳐 진행되고 있다.

기출 회차 27, 26, 25, 24회

검증(檢證)
명

verification, investigation / 検証 / 验证
그 방법은 오랜 기간 검증 과정을 거쳐 만들어진 것이다.

기출 회차 24, 21회

게시하다(揭示--)
동

to post, to put up / 掲示する / 张贴
모두가 볼 수 있도록 안내문을 복도에 게시하였다.

게시판　bulletin board / 掲示板 / 留言板
취업 안내 게시판에서 각 회사들의 사원 모집 공고를 볼 수 있다.

기출 회차 28, 24, 23, 21회

게으르다
 형

to be lazy, to be idle / 怠ける / 懒惰
그는 너무 게을러서 할 일을 쌓아 놓고 미루기만 한다.

기출 회차 23, 21회

 **격차**(隔差)
명

gap, difference / 格差 / 差距
관리직 사원과 생산직 사원의 임금 격차가 크다.

기출 회차 27, 21회

 **견디다**
동

1. to bear, to tolerate / 耐える / 经受
지금은 힘들고 어려워도 참고 견디다 보면 좋은 날도 올 거야.

2. to endure / 耐える / 忍耐
북극의 동물들은 추위를 잘 견딘다.

기출 회차 28, 23회

 **견해**(見解)
명

opinion (on/about/of), point of view / 見解 / 见解
회의에 참석한 사람들의 견해가 모두 다르다.

기출 회차 28, 27, 24, 23회

 **결론**(結論)
명

conclusion / 結論 / 结论
그동안 충분히 논의했으니 이제는 결론을 내려야 할 때이다.

기출 회차 27, 24회

 **결실**(結實)
명

fruition, result / 結実 / 成果
이번 성공은 여러분들이 성실하게 노력하여 얻은 결실입니다.

기출 회차 23, 22회

 **결정적**(決定的)
명 관

to be decisive, to be crucial / 決定的 / 决定性
그의 결정적 실수 때문에 우리 팀이 지게 되었다.
그 선수는 팀의 승리에 결정적인 역할을 했다.

기출 회차 27, 23, 21회

결코

never / 決して / 绝对

이렇게 말로만 해서는 결코 문제를 해결할 수 없다.

기출 회차 26, 22, 21회

결합하다(結合--)

to combine, to unite / 結合する / 结合

결혼은 두 사람만이 아니라 두 집안이 결합하는 것이다.

기출 회차 24, 23, 22, 21회

※ [1~9] 다음 (   )에 알맞은 것을 고르십시오.

1 문화의 기본적인 (   )을 이해할 수 있어야 다문화를 이야기할 수 있다.
① 기준　　　　② 감각　　　　③ 발전　　　　④ 개념

2 사건을 제대로 해결하기 위해서는 정확한 현장 (   )이 필요하다.
① 검증　　　　② 풍경　　　　③ 책임　　　　④ 연락

3 도시와 농촌의 소득 (   )를 줄이는 것이 무엇보다 중요하다.
① 숫자　　　　② 변화　　　　③ 격차　　　　④ 과제

4 그 선수의 힘들었던 훈련이 (   )을 맺어 금메달을 따게 되었다.
① 기술　　　　② 결실　　　　③ 보람　　　　④ 표현

5 그는 (   ) 태도로 고개만 끄덕이며 인사를 하고 지나갔다.
① 거만한　　　　② 괴로운　　　　③ 답답한　　　　④ 단순한

6 명절 음식을 만드는 것이 (   ) 때문에 주부들이 힘들어한다.
① 만족스럽기　　② 자연스럽기　　③ 먹음직스럽기　　④ 거추장스럽기

7 (   ) 태풍이 우리나라로 이동하고 있다는 말에 모두 긴장하고 있다.
① 불안한　　　　② 거대한　　　　③ 이상한　　　　④ 급속한

8 아버지는 우리들에게 공부를 (   ) 않고 자율적으로 할 수 있게 하셨다.
① 강요하지　　　② 반대하지　　　③ 강화하지　　　④ 반영하지

9 올해 신입생 합격자 명단을 학교 도서관 앞에 (   ).
① 분석했다　　　② 안내했다　　　③ 게시했다　　　④ 연결했다

정답 1.④ 2.① 3.③ 4.② 5.① 6.④ 7.② 8.① 9.③

※ [10~12] 다음 밑줄 친 부분과 가장 의미가 비슷한 것을 고르십시오.

10 김 박사는 수차례 실패를 <u>거듭한</u> 끝에 드디어 실험에 성공했다.

① 반복한　　　② 주문한　　　③ 결심한　　　④ 개발한

11 지금 <u>거주하고</u> 계신 곳이 어디인지 알려 주시면 배달해 드리겠습니다.

① 묵고　　　② 살고　　　③ 보내고　　　④ 머무르고

12 회의 참석자들의 <u>견해</u> 차이를 좁히지 못해서 결론을 내지 못했다.

① 결정　　　② 경험　　　③ 의견　　　④ 계산

※ [13~15] 다음 (　　　)에 공통으로 들어갈 단어를 고르십시오.

13

바람이 (　　　) 불더니 파도가 점점 높아지고 있다.
행동을 아무리 잘해도 말투가 (　　　) 오해를 받기 쉽다.
동생은 밤이 되자 점점 숨을 (　　　) 쉬고 열도 많이 난다.

① 급하다　　　② 거칠다　　　③ 강하다　　　④ 차갑다

14

그는 한번 잠이 들면 아무리 (　　　) 모를 정도로 깊이 잔다.
남의 약점을 (　　　) 자신도 언젠가 똑같은 일을 겪게 될 것이다.
언니는 자신의 물건을 다른 사람이 (　　　) 것을 아주 싫어한다.

① 잡다　　　② 깨우다　　　③ 만지다　　　④ 건드리다

15

지금 밖에 날씨가 추우니까 뭐라도 (　　　) 나가라.
김 작가는 이번 소설을 3년에 (　　　) 완성했다고 한다.
이 가구들은 어머니가 평생에 (　　　) 정성껏 모으신 것이다.

① 걸치다　　　② 걸리다　　　③ 견디다　　　④ 챙기다

겸비하다(兼備--)
동

to have both / 兼ね備える / 兼备
그는 성실함과 뛰어난 업무 능력을 겸비한 사람이다.

기출 회차 28, 23회

경계하다(警戒--)
동

to take warning, to previse / 警戒する / 警戒
사람은 자신의 이익만 생각하려는 욕심을 경계해야 한다.

기출 회차 27, 24회

경고하다(警告--)
동

to warn, to caution / 警告する / 警告
남의 말만 듣고 주식 투자를 하면 위험하다고 경고했다.

기출 회차 27, 24회

경관(景觀)
명

landscape, scenery / 景観 / 景观
이 건물은 주변 경관과 잘 어울리지 않는 것 같다.

기출 회차 26, 22회

경로(經路)
명

course, route / 経路 / 途径
그곳까지는 여러 경로를 거쳐 갈 수가 있다.

기출 회차 27, 23, 22, 21회

계약(契約) 
명

contract / 契約 / 合同
집은 마음에 드는데 가격이 너무 비싸서 계약을 하지 못했다.

계약서　contract / 契約書 / 合同书
계약서를 작성해야 하니까 신분증을 가져오세요.

기출 회차 28, 25, 23, 21회

계좌(計座) 
명

(bank) account / 口座 / 账户
첫 월급은 부모님 계좌로 입금을 했다.

기출 회차 27, 25, 23회

계층(階層) 
명

class, social stratum / 階層 / 阶层
사회 복지의 목적은 계층 간의 빈부 격차를 줄이는 데에 있다.

기출 회차 28, 22회

고난(苦難) 
명

hardship, suffering / 苦難 / 苦难
그녀는 수많은 고난을 극복하고 성공한 사업가가 되었다.

기출 회차 26, 24회

고대(古代) 
명

ancient, antiquity / 古代 / 古代
이 도시는 고대 상인들이 이동하며 자주 들르던 곳이었다.

기출 회차 26, 25, 24, 23, 22회

고령화(高齡化) 명

graying, aging / 高齢化 / 高龄化
인구 고령화가 점점 심각해지고 있어 사회 문제가 되고 있다.

기출 회차 26, 25회

고무 명

rubber, gum / ゴム / 橡胶
손을 보호하기 위해 고무로 된 장갑을 끼고 욕실 청소를 했다.

기출 회차 28, 21회

고스란히 부

intactly, with nothing damaged / そっくり、そのまま / 原封不动
동생은 부모님께 용돈을 받으면 고스란히 은행에 저축을 한다.

기출 회차 26, 25, 21회

고용(雇傭) 명

employment, engagement / 雇用 / 雇佣
기업들은 올해 신입 사원의 고용 확대를 위해 노력하기로 했다.

고용하다   to employ, to hire / 雇用する / 雇佣
술을 파는 곳에서 미성년자를 고용하는 것은 불법이다.

기출 회차 27, 25, 22, 21회

고전하다(苦戰--) 동

to struggle, to flounder / 苦戦する / 苦斗
처음 유학을 갔을 때에는 언어가 서툴러서 고전했다.

기출 회차 26회

고정(固定)
 명

fixation, fixing / 固定 / 固定
벽에 걸린 그림이 떨어지지 않도록 단단히 고정을 시켰다.

고정관념　fixed idea, stereotype / 固定観念 / 定型观念
고정관념을 버려야 창의적인 사고가 가능하다.

고정되다　to be fixed / 固定される / (被)固定
고정된 수입으로는 생활 외의 여가 활동을 하기가 힘들다.

기출 회차　26, 25, 24, 22, 21회

고집하다(固執--)
 동

to insist, to persist / 固執する / 固执
네가 계속 이 방법만 고집한다면 나는 더 이상 함께 할 수 없다.

기출 회차　24, 23회

고효율(高效率)
 명

high efficiency / 高効率 / 高效率
겨울이 오기 전에 비용이 적게 드는 고효율 보일러로 교체할
예정이다.

기출 회차　28, 24회

곡선(曲線)
명

curve / 曲線 / 曲线
한옥의 특징은 부드러운 곡선의 아름다움에 있다.

기출 회차　27, 25, 24회

곤충(昆蟲)
 명

insect, bug / 昆虫 / 昆虫
아주 작은 곤충의 생활도 자세히 보면 일정한 규칙이 있다.

기출 회차　25, 24, 22회

공감(共感) 명

sympathy, compathy / 共感 / 共识
나는 네 말에 전혀 공감을 할 수가 없다.

기출 회차 24, 23, 22회

공고(公告) 명

(public/official) announcement, notice / 公告 / 公告
학교 도서관 앞에 동아리 회원 모집 공고가 붙어 있다.

기출 회차 28, 26회

공급(供給) 명

supply, provision / 供給 / 供应
우리 동네는 오늘 하루 수돗물 공급이 중단되었다.

공급하다 to supply, to provide / 供給する / 供应
그 회사는 내년부터 대기업에 제품을 공급하기로 결정했다.

기출 회차 28, 26, 24, 23회

공유(共有) 명

sharing, joint ownership / 共有 / 共享
인터넷 매체를 통한 정보의 공유가 활발하게 이루어지고 있다.

공유하다 to share / 共有する / 共有(财产)
요즘은 재산을 공유하는 부부가 많다.

공유되다 to be shared / 共有される / 共通
두 사람은 공유된 생각을 바탕으로 새롭게 일을 시작하게 되었다.

기출 회차 27, 21회

공통점(共通點) 명

something in common / 共通点 / 共同点
그들은 형제인데도 공통점이 전혀 없는 것 같다.

기출 회차 25, 21회

공포(恐怖) 

fear, horror / 恐怖 / 恐怖
어두운 골목을 혼자 걸어가면 공포가 몰려온다.

기출 회차 26, 24, 23회

공학(工學) 

engineering (science) / 工学 / 工学
그는 대학원에 진학하여 식품 공학을 전공하고자 한다.

공학자 engineer / 工学者 / 工程人員
나는 아버지를 따라서 공학자가 되기로 결심했다.

공학적 engineered, engineering / 工学的 / 工学
이 의자는 인체 공학적 디자인으로 만들어졌다.

기출 회차 26, 24, 22회

과다하다(過多--)

to be excessive / 多すぎる / 过多
기름진 음식을 과다하게 섭취하면 건강을 해치기 쉽다.

기출 회차 27, 22회

연습 문제

※ [1~13] 다음 (   )에 알맞은 것을 고르십시오.

1 물고기의 이동 (   )를 따라 가면서 강물이 시작되는 곳을 찾았다.

① 경로　　　　② 공기　　　　③ 기회　　　　④ 조사

2 사회 복지의 확대를 통해 (   ) 간의 차이를 극복할 수 있도록 노력해야 한다.

① 경제　　　　② 교류　　　　③ 계층　　　　④ 모임

3 저는 수많은 (   )을 이겨 내고 지금 이 자리까지 올 수 있었습니다.

① 계획　　　　② 계약　　　　③ 고민　　　　④ 고난

4 방송사는 시청자들에게 좋은 프로그램을 (   ) 의무가 있다.

① 공급할　　　　② 판매할　　　　③ 분석할　　　　④ 경영할

5 요즘 젊은 사람들은 활동성과 편리성을 (   ) 실용적인 패션을 선호한다.

① 계산한　　　　② 경험한　　　　③ 겸비한　　　　④ 마련한

6 소비자들은 가짜 광고로 사람들을 속인 회사를 경찰에 (   ).

① 강조했다　　　　② 관찰했다　　　　③ 금지했다　　　　④ 고발했다

7 50년이 넘게 (   ) 온 할아버지의 생활 방식을 바꾸기는 불가능하다.

① 연결해　　　　② 발달해　　　　③ 고수해　　　　④ 무시해

8 회원들은 자신들이 가진 정보를 다 같이 활용할 수 있게 (   ) 있다.

① 반복하고　　　　② 공유하고　　　　③ 의심하고　　　　④ 자랑하고

9 그 회사는 30명의 외국인 근로자를 (　　　　　) 있다.

　① 출연하고　　　② 참석하고　　　③ 발견하고　　　④ 고용하고

10 환율이 급등하는 바람에 수출 길이 막혀 (　　　　　) 기업들이 많다.

　① 회복하는　　　② 판매하는　　　③ 고전하는　　　④ 주장하는

11 사회자는 사람들에게 회의 도중에 일어서지 말라고 (　　　　　).

　① 기록했다　　　② 허용했다　　　③ 비판했다　　　④ 경고했다

12 네가 계속 그 방법만 (　　　　　) 나는 너를 떠날 수밖에 없다.

　① 고집한다면　　② 포기한다면　　③ 해결한다면　　④ 행동한다면

13 대형 할인점의 (　　　　　) 경쟁으로 인해 피해를 보는 건 생산자이다.

　① 분명한　　　　② 과다한　　　　③ 복잡한　　　　④ 불안한

※ [14~15] 다음 밑줄 친 부분과 의미가 가장 비슷한 것을 고르십시오.

14 영수는 자기가 버는 돈을 <u>고스란히</u> 부모님께 드리는 효자이다.

　① 굳이　　　　　② 끝내　　　　　③ 단지　　　　　④ 전부

15 새로 이사 온 집 뒷산에서 바라보는 <u>경관</u>이 아주 좋다.

　① 모양　　　　　② 풍경　　　　　③ 낙엽　　　　　④ 환경

과도하다(過渡--) 형

to be excessive, to be immoderate / 過度だ / 过多
그는 과도한 업무량 때문에 병원에 입원했다.

기출 회차 28, 23회

과시하다(誇示--) 동

to parade, to show off / 誇示する / 夸耀
경제력을 과시하기 위해 비싼 차를 사는 사람들이 많다.

기출 회차 28, 26회

관습(慣習) 명

custom, convention / 慣習 / 习俗
지방마다 전해지는 전통적인 관습이 있다.

기출 회차 25회

관여하다(關與--) 동

to come in, to participate / 関与する / 干预
그건 네 문제니까 내가 관여할 상황은 아닌 것 같다.

기출 회차 26, 25, 22회

관측하다(觀測--) 동

to observe, to take observations / 観測する / 观望
정부는 앞으로의 경제 상황을 희망적으로 관측하고 있다.

기출 회차 28, 26, 25회

관행(慣行) 명

custom, practice / 慣行 / 惯例
뒤로 돈을 건네는 나쁜 관행은 없어져야 한다.

기출 회차 24, 23회

광산(鑛山) 
명

mine / 鉱山 / 矿山
우리 고향에는 금이 나오는 광산이 있었다.

기출 회차 24, 22회

굉장히(宏壯-) 
부

very, extremely / 大変 / 非常
그 영화는 예상했던 것보다 굉장히 많은 관객들을 모았다.

기출 회차 28, 22, 21회

교체하다(交替--) 
동

to replace, to change / 取り替える / 更換
냉장고가 너무 오래되어서 교체하기로 했다.

기출 회차 28, 26, 21회

구간(區間) 
명

section / 区間 / 区段
이쪽 도로는 언제나 교통 체증이 심한 구간이다.

기출 회차 25, 22회

구멍 
명

hole / 穴 / 破洞
양말에 구멍이 나서 신발을 벗고 들어가기가 창피하다.

기출 회차 28, 26회

구별(區別) 
명

distinction, differentiation / 区別 / 区别
직업을 구하는 데에 남녀 구별이 없어진 지 오래이다.

구별되다　to be distinguished / 区別される / 区分
사진과 구별되지 않을 정도로 그림이 너무 사실적이다.

구별하다　to distinguish, to differentiate / 区別する / 辨別
수입 쇠고기와 한우를 구별하는 것은 아주 어려운 일이다.

기출 회차 26, 25, 23, 22회

구부리다
동

to bend, to stoop (down) / 屈める / 弯(腰)
허리를 구부리고 정중하게 인사를 했다.
기출 회차 28, 23회

구분(區分)
명

division, separation / 区分 / 划分
예전에는 노동 시간과 휴식 시간의 뚜렷한 구분이 없었다.

구분하다 to divide, to classify / 区分する / 分开
연애와 결혼을 구분해서 생각하는 젊은이들이 많다.
기출 회차 27, 26, 24, 21회

구비하다(具備--)
동

to fulfill, to be furnishto prepare, to be equipped (with)
/ 具備する、備える / 具备
유학에 필요한 서류를 모두 구비하려면 시간이 걸린다.
기출 회차 24, 23, 22회

구직자(求職者)
명

job hunter, job seeker / 求職者 / 求职人
취업 안내소에는 직장을 구하는 구직자들이 많이 몰렸다.
기출 회차 25, 22회

구현하다(具現--)
동

to realize, to implement / 具現する / 体现
우리 사회가 구현해야 할 과제는 빈부 격차를 줄이는 것이다.
기출 회차 28, 25회

국산(國産)
명

domestic make / 国産 / 国产
요즘은 시장에서 국산 농산물을 찾기가 쉽지 않다.
기출 회차 26, 21회

굳다 
형

1. to be hard, to be solid / 固い / 坚实
굳게 잠긴 문은 아무리 두드려도 열리지 않았다.

2. to be firm / 固い / 坚定
그는 꼭 다시 오겠다고 굳게 약속하고 떠났다.

3. to be stiff / 硬い / 僵硬
그렇게 굳은 표정을 하면 사진이 예쁘게 안 나와요.

기출 회차 27, 24, 22회

굴곡(屈曲) 
명

curve / 屈曲 / 曲折
그 도로는 굴곡이 많아서 교통사고의 위험이 있다.

기출 회차 24, 22회

권력(權力) 
명

power, authority / 権力 / 权力
권력을 이용하여 자신의 이익만 추구하는 사람들이 있다.

기출 회차 25, 24, 21회

권유하다(勸誘--) 
동

to suggest, to recommend / 勧誘する / 劝说
사람들이 자꾸 노래를 권유해서 할 수 없이 한 곡 불렀다.

기출 회차 26, 25, 24, 23, 22회

귀가하다(歸家--)
동

to come home, to return home / 帰宅する / 回家
언니가 연락도 없이 늦게 귀가해서 어머니가 혼을 내셨다.

기출 회차 25, 21회

귀담다
동

to listen carefully / 聞いて心に留める / 留意
내 말을 귀담아 듣지 않으면 큰일을 당하게 될 거야.

기출 회차 27, 24회

귀신(鬼神)
명

ghost, spirit / 鬼神 / 鬼
할머니께 무서운 귀신 이야기를 듣고 잠을 잘 수가 없었다.

기출 회차 27, 23, 22회

규정(規定)
명

rule, regulation / 規定 / 規定
학교 규정에 따라 정해진 교복을 입어야 한다.

기출 회차 28. 23, 22회

균(菌)
명

germ, bacterium / 菌 / 菌
냉장고에도 균이 살 수 있으니까 항상 깨끗하게 청소해야 한다.

기출 회차 26, 23, 21회

균형(均衡)
명

balance, equilibrium / 均衡 / 均衡
다문화 사회에서는 사회 구성원들의 균형과 조화가 중요하다.

기출 회차 27, 26, 21회

그다지
부

not so much / それほど / 不怎么
이곳은 공장이 많이 있는 곳이라 생활환경이 그다지 좋지 않다.

기출 회차 27, 24, 23, 22, 21회

근래(近來)

명

recent days(years) / 近来 / 近期
근래 일회용품의 과다한 사용이 문제가 되고 있다.
기출 회차 27, 22회

근력(筋力)

명

muscular strength(power) / 筋力 / 体力
나는 근력을 강화하기 위해 하루 30분씩 달리기를 하고 있다.
기출 회차 24, 21회

근로자(勤勞者)

명

worker, laborer / 勤劳者 / 劳动者
이 회사의 근로자들은 월급을 올려 달라고 요구하고 있다.
기출 회차 21회

근본적(根本的)

명 관

to be fundamental, to be basic / 根本的 / 根本
환경 문제를 해결하기 위한 근본적인 방법이 필요하다.
근본적 원인을 찾아야 사고가 반복되는 것을 막을 수 있다.
기출 회차 27, 26, 21회

근심

명

worry, concern / 心配 / 担心
자식이 많으면 부모는 언제나 근심이 많을 수밖에 없다.
기출 회차 28, 23회

※ [1~9] 다음 (   )에 알맞은 것을 고르십시오.

1 다른 나라에 가면 그 나라의 (   )을 따르는 것이 바람직하다.
  ① 관습   ② 감정   ③ 진실   ④ 예상

2 기상청은 내일 오전부터 강한 비가 내릴 것으로 (   ) 있다.
  ① 관계하고   ② 관측하고   ③ 관리하고   ④ 관여하고

3 이 길은 (   )이 심해서 운전하기가 아주 힘든 편이다.
  ① 곡선   ② 공간   ③ 굴곡   ④ 발달

4 장애인의 (   ) 보호를 위한 국제회의가 개최될 예정이다.
  ① 권력   ② 권위   ③ 권리   ④ 권유

5 지역 간의 이해관계를 떠나 (   ) 있는 사회 발전을 이뤄야 한다.
  ① 균형   ② 경우   ③ 목적   ④ 방향

6 그 선수는 세계 최고임을 (   ) 다른 선수와의 비교를 거부했다.
  ① 고민하며   ② 관찰하며   ③ 과시하며   ④ 계산하며

7 아이는 무릎을 (   ) 앉아서 바닥에 그림을 그리기 시작했다.
  ① 끄덕이고   ② 구부리고   ③ 일으키고   ④ 어울리고

8 이 건물은 전통적인 아름다움을 잘 (   ) 있다.
  ① 유행하고   ② 자랑하고   ③ 분석하고   ④ 구현하고

9 요즘은 의학이 발달해서 그 정도의 병은 (   ) 문제가 되지 않는다.
  ① 그다지   ② 가까이   ③ 꾸준히   ④ 아무리

정답 1.① 2.② 3.③ 4.③ 5.① 6.③ 7.② 8.④ 9.①

10 나는 쌍둥이 친구를 잘 <u>구별하지</u> 못해서 실수를 한 적이 있다.

① 발견하지　　② 소개하지　　③ 구분하지　　④ 의미하지

11 장마가 오기 전에 지붕의 낡은 곳을 여기저기 <u>교체했다</u>.

① 구했다　　② 바꿨다　　③ 끊었다　　④ 변했다

12 욕심이 <u>과도하면</u> 자신과 주변 사람들까지 불행에 빠지게 만든다.

① 지나치면　　② 넓어지면　　③ 따라오면　　④ 자라나면

13 우리 가게는 모든 최신 제품을 <u>구비하고</u> 있습니다.

① 고르고　　② 갖추고　　③ 전하고　　④ 이루고

14 10년이라는 시간이 <u>굉장히</u> 빠르게 지나간 것 같다.

① 분명　　② 약간　　③ 점차　　④ 몹시

※ [15] 다음 (　　　　)에 공통으로 들어갈 단어를 고르십시오.

15

아이는 입을 (　　　　) 다물고 말을 하지 않았다.
(　　　　) 잠긴 철문은 계속 흔들어도 움직이지 않았다.
영화를 만들겠다는 (　　　　) 의지가 있어서 가능했다.

① 세다　　② 익다　　③ 굳다　　④ 숨다

근육(筋肉)
명

muscle / 筋肉 / 肌肉
근육을 튼튼하게 하기 위해서는 꾸준한 운동이 필요하다.
 기출 회차 26, 25, 24, 23, 22, 21회

근접하다(近接--)
동

to approach, to come close (to) / 近接する / 靠近
그 지역은 바다와 근접해 있어서 해산물이 풍부하다.
기출 회차 26, 21회

금
명

cracking / ひび / 裂口
벽에 금이 가서 금방이라도 무너질 것 같다.
기출 회차 27, 26회

금세
부

soon, shortly / たちまち / 马上
한 아이가 울기 시작하니까 금세 교실 안이 울음바다가 되었다.
 기출 회차 28, 27, 26, 22회

금속(金屬)
명

metal / 金属 / 金属
이 금속은 강한 힘에도 견딜 수 있게 만들어졌다.
 기출 회차 27, 26, 23회

금융(金融)
명

finance / 金融 / 金融
정부는 중소기업에 대한 금융 지원을 확대하기로 결정했다.
금융감독원　the Financial Supervisory Service
/ 金融監督院 / 金融監督院
금융감독원은 금융 기관들을 관리 감독하는 일을 한다.
 기출 회차 28, 26, 23회

급격하다(急激--) 〔형〕

to be rapid, to be drastic / 急激だ / 急剧

급격한 사회적, 경제적 발전으로 생활 방식이 많이 달라졌다.

급격히　rapidly, sharply / 急激に / 剧(增)
관광객이 급격히 늘어남에 따라 관광 수입도 함께 증가하고 있다.

기출 회차 27, 26, 22, 21회

급급하다(汲汲--) 〔형〕

to be busy, to be bent on / あくせくしている / 急于
돈 버는 데에만 급급하다 보니 문화생활도 제대로 못하고 있다.

기출 회차 27, 23, 21회

급등(急騰) 〔명〕

sharp rise, jump / 急騰 / 暴涨
아파트 값의 급등으로 서민들의 걱정이 매일 늘어만 간다.

기출 회차 24, 21회

급박하다(急迫--) 〔형〕

to be urgent, to be pressing / 急迫だ / 急迫
상황이 너무 급박하여 제대로 생각할 시간도 없이 일을 시작했다.

기출 회차 24, 23, 22회

급속하다(急速--) 〔형〕

to be rapid, to be fast / 急速だ / 急速
사회의 급속한 변화 속에 가족의 개념도 변하게 되었다.

기출 회차 24, 23회

급여(給與) 〔명〕

pay, wage(s), salary / 給与、給料 / 薪水
요즘은 개인의 능력에 따라 급여도 달라진다.

기출 회차 27, 23회

기구(機具) 명

instrument, organization / 機具 / 器具
놀이 기구의 안전 상태를 확인하는 것이 중요하다.

기출 회차 27, 25회

기기(機器) 명

equipment, instrument / 機器 / 设备
노래 부르는 것을 좋아해서 노래방 기기를 구입했다.

기출 회차 25, 24, 21회

기념하다(記念--) 동

to celebrate, to commemorate / 記念する / 纪念
어머니 생신을 기념하여 가족사진을 찍기로 했다.

기념품　souvenir, memento / 記念品 / 纪念品
이번 행사에 참가한 모든 분들께 기념품을 드립니다.

기념행사　celebration / 記念行事 / 纪念仪式
한글날 기념행사가 세종대왕 기념관에서 열린다.

기출 회차 27, 23, 22회

기대다 동

to lean (on/against), to rely on / 頼る / 依赖
성인이 되어서도 부모님께 기대어 산다는 것은 창피한 일이다.

기출 회차 27, 24회

기류(氣流) 명

air current, airstream / 気流 / 气流
기류가 불안해서 비행기가 많이 흔들렸다.

기출 회차 28, 21회

기반(基盤) 명

base, groundwork / 基盤 / 基础
무슨 일이든지 기반이 튼튼하지 못하면 오래 갈 수 없다.

기출 회차 26, 25, 24, 23, 21회

기법(技法) 명

technique / 技法 / 技法
그의 작품은 서양의 기법에 동양의 감성이 더해졌다고 한다.

기출 회차 27, 24, 23, 22회

기부(寄附) 명

donation, contribution / 寄付 / 捐献
그분은 어려운 사람들을 위해 자신의 전 재산을 기부했다.

기출 회차 23, 22, 21회

기상(氣象) 명

weather / 気象 / 气象
최근의 급격한 기상 변화는 지구온난화와도 관계가 깊다.

기상재해   climatic damage / 気象災害 / 气候灾害
홍수, 태풍 등의 기상재해가 많이 발생하고 있다.

기출 회차 28, 27, 26, 23회

기여하다(寄與--) 동

to contribute / 寄与する / 贡献
열심히 노력해서 사회 발전에 기여하고 싶다.

기출 회차 28, 27, 25, 22, 21회

기원(起源) 명

origin, beginning / 起源 / 起源
생명의 기원을 밝히기 위해 과학자들은 연구를 계속하고 있다.

기출 회차 24, 22회

기적(奇蹟) 명

miracle / 奇跡 / 奇迹
전쟁 때 살아남은 것은 기적이었다고 할아버지는 말씀하셨다.

기출 회차 22, 21회

기증하다(寄贈--) 동

to donate / 寄贈する / 捐贈
김 교수님은 자신의 책들을 학교 도서관에 모두 기증하셨다.

기출 회차 26회

기필코 부

surely, without fail / 必ず / 一定
더욱더 열심히 노력해서 기필코 그 대학에 들어가고 말 거야.

기출 회차 26회

기획(企劃) 명

planning, project / 企画 / 计划
이번 기획이 성공하기 위해서는 여러분의 도움이 필요합니다.

기획되다　to plan, to design / 企画される / (被)筹划
이번 전시회는 젊은 작가들의 작품전으로 기획되었다.

기획안　project proposal / 企画案 / 企划案
다음 주까지 행사 기획안을 제출해야 합니다.

기획자　plan maker / 企画者 / 企划人
그는 지금까지 많은 영화를 성공시킨 능력 있는 기획자이다.

기출 회차 26, 24, 23, 22, 21회

기후(氣候)

 명

climate / 気候 / 气候
지구를 살리려면 기후 변화와 관련한 새로운 방안이 필요하다.
기출 회차 26, 25, 23회

까다롭다

 형

to be particular, to be fussy / 気難しい、やかましい / 挑剔
그녀는 성격이 아주 까다로워서 친구가 많지 않다.
기출 회차 27, 24, 23회

깎다

동

1. to sharpen / 削る / 削
연필은 칼을 사용해야 제대로 깎을 수 있다.

2. to shave / 剃る / 刮
그 남자는 매일 수염을 깎는 것이 귀찮아서 그냥 기르고 있다.

3. to cut, to discount / 値切る / 减(价)
너무 비싸니까 조금만 깎아 주세요.
기출 회차 28, 27회

※ [1~9] 다음 (   )에 알맞은 것을 고르십시오.

1 물가의 (   )으로 인해 서민들의 생활이 점점 힘들어지고 있다.
① 급락　　　　② 급등　　　　③ 급증　　　　④ 급변

2 유 선생님은 자신의 모교에 장학금 (   ) 의사를 밝혔다.
① 기부　　　　② 검사　　　　③ 공동　　　　④ 교육

3 건물의 (   )을 튼튼하게 하는 것이 진정한 건축의 기본이다.
① 기술　　　　② 기준　　　　③ 기원　　　　④ 기반

4 굽이 높은 신발을 신으면 (   )이 긴장해서 허리가 아프기 쉽다.
① 근육　　　　② 기운　　　　③ 역할　　　　④ 주변

5 이상 (   ) 때문에 비행기가 심하게 흔들려서 안전벨트를 착용했다.
① 기상　　　　② 기류　　　　③ 기적　　　　④ 기구

6 현대는 과학 수사의 발달로 범죄를 분석하는 (   )도 많이 발전했다.
① 경찰　　　　② 종류　　　　③ 기법　　　　④ 표현

7 학생운동은 한국의 민주화와 역사 발전에 크게 (   ) 할 수 있다.
① 기여했다고　　② 고생했다고　　③ 강조했다고　　④ 노력했다고

8 여권을 다시 만드는 절차가 너무 (   ) 잃어버리면 곤란하다.
① 자유로워서　　② 시끄러워서　　③ 안타까워서　　④ 까다로워서

9 도시의 (   ) 발전으로 인해 도시와 시골의 격차가 더욱 벌어지고 있다.
① 강력한　　　　② 급속한　　　　③ 심각한　　　　④ 확실한

※ [10~13] 다음 밑줄 친 부분과 의미가 가장 비슷한 것을 고르십시오.

10 한국의 기술력은 이제 선진국 수준에 <u>가까워졌다는</u> 평가를 받는다.
① 근접했다는　　② 고전했다는　　③ 담당했다는　　④ 도입했다는

11 아무리 <u>급박한</u> 상황이라도 절대 정신을 잃으면 안 된다.
① 심각한　　② 급격한　　③ 다급한　　④ 불편한

12 먹고 살기 <u>바빠서</u> 여행 한번 할 시간이 없었다.
① 급속해서　　② 성급해서　　③ 성공해서　　④ 급급해서

13 나는 <u>기필코</u> 당신과의 약속을 지킬 것입니다.
① 대단히　　② 반드시　　③ 마침내　　④ 완전히

※ [14~15] 다음 (　　　　)에 공통으로 들어갈 단어를 고르십시오.

14
그는 벽에 (　　　) 서서 내게 말을 걸기 시작했다.
이번 신제품은 과학적 이론에 (　　　) 개발한 것이다.
남에게 자꾸 (　　　) 보면 혼자서는 아무 일도 할 수 없다.

① 권하다　　② 시키다　　③ 기대다　　④ 향하다

15
산을 (　　　) 골프장을 만든다는 건 자연을 파괴하는 일이다.
어머니는 손톱을 (　　　) 전화를 받으시더니 밖으로 나가셨다.
이제 다시는 실수하지 않고 뼈를 (　　　) 생각으로 열심히 하겠습니다.

① 깎다　　② 밀다　　③ 자르다　　④ 고치다

꺾다

동

1. to beat, to defeat / 降す / 打敗
우리 학교가 상대 학교를 꺾고 결승전에 올라갔다.

2. to discourage / くじく / 挫敗
음악을 전공하겠다는 내 의지를 누구도 꺾을 수 없다.

3. to break, to snap / 折る / 摘
꽃은 꺾지 말고 자연 그대로 보는 것이 가장 좋다.

기출 회차 24, 23, 21회

꼬박꼬박

부

regularly, on a regular basis / 几帳面に / 一丝不苟
동생은 매일 꼬박꼬박 일기를 쓴다.

기출 회차 27, 26, 22회

꽉

부

tight(ly), firmly / しっかり / 緊緊
두 사람은 너무 반가워서 손을 꽉 잡고 놓지 않았다.

기출 회차 28, 21회

끊임없이

부

constantly, ceaselessly / 絶えず / 不斷
그는 자신의 목표를 위해 끊임없이 노력하는 사람이다.

기출 회차 27, 26, 24, 23, 22, 21회

끌어올리다
동

1. to raise, to improve
성적을 하루아침에 끌어올리는 일은 힘든 일이다.

2. to draw up, to pull in / 引き上げる / 提升
땅속에서 물을 끌어올려서 농업용수로 사용한다.

기출 회차 28, 26, 24, 22, 21회

끼다
동

to fold (arm), to be caught / 組む / 挽住
거리에 나가 보면 팔짱을 끼고 다니는 연인들이 많다.

기출 회차 26, 25회

나란히
부

side by side / 並んで / 并排
집 앞에 차 두 대가 나란히 주차되어 있다.

기출 회차 27, 25회

나서다
동

1. to leave (home), to go out / 走出
대문을 막 나서는데 전화가 왔다.

2. to come forward / 出る / 出头
이번 일은 네가 나설 일이 아니다.

3. to run for / 出掛ける / 走上(街道)
이번 제품을 홍보하기 위해 전 직원이 거리로 나섰다.

4. to take center stage / 出る / 出头露面
그는 사람들 앞에 나서는 것을 매우 싫어한다.

기출 회차 27, 26, 23회

나아지다
동

to improve, to get better / 向上する / 好转
생활 형편이 좀 나아지면 해외여행을 해 보고 싶다.

기출 회차 28, 24회

난해하다(難解--)
형

to be difficult, to be hard / 難解だ / 费解
아무리 난해한 작품이라도 몇 번 읽어 보면 이해가 될 것이다.

기출 회차 24, 21회

날카롭다  형

1. to be sharp, to be keen / 鋭い / 敏鋭
학생들의 날카로운 질문에 선생님은 당황하셨다.

2. to be sharp / 鋭い / 锋利
칼끝이 날카로우니 아이들의 손이 닿지 않는 곳에 보관하세요.

3. to be sensitive, to be nervous / 敏感だ / 敏感
중요한 시험을 앞두고 있어서 요즘 신경이 날카로워졌다.

기출 회차 27, 24회

납득하다(納得--) 동

to understand, to accept / 納得する / 理解
이번 일은 대체 어떻게 된 일인지 납득하기가 어렵다.

기출 회차 28, 27, 24, 22회

내다보다 동

1. to look outside / 見る、眺める / 向外看
창밖을 내다보니 비가 내리고 있었다.

2. to foresee, to predict / 見通す / 展望
미래를 내다볼 수 있는 지혜를 갖춰야 한다.

기출 회차 27, 24회

내면(內面)  명

inner side / 内面 / 内心
그 소설은 인간의 내면을 잘 표현한 작품이다.

기출 회차 26, 23, 21회

내부(內部)  명

the inside, inner part / 内部 / 室内
유리창이 커서 사무실 내부가 잘 보인다.

내부적　internal / 内部的 / 内部
내부적으로 아직 결정이 되지 않았으니 조금만 기다려 주세요.

기출 회차 28, 23, 22회

내세우다
 동

1. to show off / 取り立てる / 宣扬
그는 부모님 재산 외에는 아무것도 내세울 게 없는 사람이다.

2. to impose / 主張する / 坚持
자신의 의견만 내세우는 사람은 다른 사람의 말을 잘 듣지 않는다.

3. to put up / 立てる / 推举
신뢰감과 성실함을 갖춘 사람을 리더로 내세워야 한다.

기출 회차 28, 25, 24회

내쉬다
동

to exhale, to breathe out / 吐く / 呼出
어머니는 아무 말씀도 없이 한숨만 내쉬고 계셨다.

기출 회차 28회

내역(內譯)
명

breakdown, details / 内訳 / 细目
이번 행사에 사용된 지출 내역을 홈페이지에 공개하기로 했다.

기출 회차 26, 24, 21회

내적(內的)
 명 관

to be internal / 内的 / 内部
사원들 간의 내적 갈등을 해소하지 않으면 안 된다.
외적인 요인도 중요하지만 내적 원인도 잘 살펴야 한다.

기출 회차 26, 21회

냉방(冷房)
 명

air-conditioning / 冷房 / 制冷
에너지 절약을 위해 냉방 장치 사용을 줄여야 한다.

기출 회차 27, 23회

넉넉하다
형

1. to be enough, to be sufficient / 余裕がある / 足够
아직 시간이 넉넉하니까 천천히 갑시다.

2. to be well off / 裕福だ / 富裕
가정 형편이 넉넉하지 못해서 대학 진학을 포기했다.

3. to be broad / 豊かだ / 宽厚
부자는 아니더라도 마음이 넉넉한 사람이 좋다.

기출 회차 28, 25, 24, 23, 21회

넘나들다
동

to cross (boundaries) / 行き来する / 跨越
박 교수는 인문학과 과학의 경계를 넘나드는 글을 쓴다.

기출 회차 27, 23회

넘어가다
동

1. to go on to / 移る / 转入
말도 안 되는 얘기 그만하고 본론으로 넘어갑시다.

2. to pass to / 渡る / 转移
그 회사의 경영권이 다른 사람에게 넘어갔다.

3. to swallow / 通る / 咽下
급박한 상황이라 밥이 목으로 넘어가지 않는다.

기출 회차 28, 23회

넘어서다
동

1. to rise over / 超える / 超过
올해 상반기 해외 여행객 수는 지난해 수준을 넘어서고 있다.

2. to cross over / 越える / 越
중앙선을 넘어서는 바람에 대형 사고가 났다.

3. to exceed / 超える / 脱离
일부 청소년들의 행동은 어른들이 걱정하는 수준을 넘어선 것 같다.

기출 회차 27, 24회

넘쳐나다
동

1. to overflow / 溢れる / 过多
여름 휴가철이 되면 해변에 쓰레기가 넘쳐난다.

2. to flood / 溢れる / 漫溢
이번 집중 호우로 인해 강물이 넘쳐나서 많은 피해를 입었다.

3. to be full of / 溢れる / (生气)橫溢
그녀의 얼굴에서 생기가 넘쳐나고 있다.

기출 회차 23, 22회

연습 문제

※ [1~6] 다음 (   )에 알맞은 것을 고르십시오.

1 이 영화는 현대인들의 (   ) 상태를 잘 표현하고 있다.

① 내면　　　　　② 가능　　　　　③ 녹음　　　　　④ 발생

2 신용카드로 결제를 하면 거래 (   )을 문자메시지로 알려 준다.

① 방향　　　　　② 내역　　　　　③ 환경　　　　　④ 상품

3 그렇게 팔짱만 (   ) 바라보지 말고 빨리 좀 와서 도와주세요.

① 잡고　　　　　② 들고　　　　　③ 끼고　　　　　④ 묶고

4 그렇게 성실한 사람이 연락도 없이 회사를 빠지다니 (   ) 수가 없다.

① 고려할　　　　② 기억할　　　　③ 결심할　　　　④ 납득할

5 요즘 패션은 남녀 간의 구분이 없이 경계를 (   ) 경향이 있다.

① 나타내는　　　② 넘나드는　　　③ 뛰어가는　　　④ 돌아보는

6 결혼식이 시작되자 신랑과 신부 두 사람이 (   ) 입장을 했다.

① 그대로　　　　② 가득히　　　　③ 나란히　　　　④ 스스로

※ [7~10] 다음 밑줄 친 부분과 의미가 가장 비슷한 것을 고르십시오.

7 이렇게 <u>어려운</u> 문제는 학생뿐 아니라 교사라도 풀기 힘들 것 같다.

① 난해한　　　　② 강력한　　　　③ 고생한　　　　④ 분명한

8 현대사회에는 인터넷을 통해 새로운 정보가 <u>계속</u> 쏟아진다.

① 끝내　　　　　② 대단히　　　　③ 마음대로　　　　④ 끊임없이

9 월급을 <u>꼬박꼬박</u> 저축했더니 어느새 큰돈이 되었다.

① 살짝살짝　　　② 차곡차곡　　　③ 깜빡깜빡　　　④ 따로따로

정답　1.① 2.② 3.③ 4.④ 5.② 6.③ 7.① 8.④ 9.②

10 아직 시간이 넉넉하니까 그렇게 급하게 뛰지 않아도 돼요.

① 화목하니까　　② 정확하니까　　③ 충분하니까　　④ 부유하니까

※ [11~15] 다음 (　　　　)에 공통으로 들어갈 단어를 고르십시오.

11
그는 마른 몸에 (　　　) 눈매를 가지고 있다.
그 칼은 매우 (　　　) 조심해서 다뤄 주세요.
김 선생님은 몹시 (　　　) 성격이셔서 학생들이 무서워한다.

① 부드럽다　　② 부끄럽다　　③ 날카롭다　　③ 까다롭다

12
영희는 다른 사람의 말은 듣지 않고 자기 의견만 (　　　).
그들이 (　　　) 요구는 너무 지나쳐서 들어주기 어렵다.
신뢰할 수 있고 소통할 수 있는 사람이어야 지도자로 (　　　) 수 있다.

① 내세우다　　② 가리키다　　③ 바라보다　　④ 서두르다

13
너는 지금 이런 상황에서 밥이 목으로 (　　　　)?
아버지의 사업 실패로 회사도 집도 다른 사람에게 (　　　).
이 문제는 해결된 것 같으니 다음으로 (　　　) 되겠어요.

① 넘어가다　　② 들어가다　　③ 지나가다　　④ 찾아가다

14
어느새 시간이 12시를 (　　　).
이 언덕만 (　　　) 우리의 목적지가 보일 거예요.
비행 청소년들의 행동은 부모가 걱정하는 수준을 (　　　).

① 올라가다　　② 지나치다　　③ 펼쳐지다　　④ 넘어서다

15
그 식당은 맛있다고 소문이 나서 언제나 손님들로 (　　　).
무슨 좋은 일이 있는지 그녀의 얼굴이 오늘따라 활기로 (　　　).
정부는 (　　　) 서울 인구를 분산시키기 위한 정책을 세워야 한다.

① 붐비다　　② 앞서다　　③ 넘쳐나다　　④ 움직이다

노사(勞使)
 명

labor-management / 労使 / 劳社
노사 양측은 올해 임금 인상에 대해 협의했다.

기출 회차 23, 21회

노선(路線)
명

route / 路線 / 路线
우리 동네는 버스 노선이 적어서 교통이 불편하다.

기출 회차 25, 23회

노출되다(露出--)
 동

to be exposed / 露出される / 暴露
건설 현장의 노동자들은 항상 위험에 노출되어 있다.

기출 회차 27, 26, 25, 23회

노화(老化)
명

aging / 老化 / 老化
채소와 과일은 노화 방지에 도움이 되는 식품이다.

기출 회차 22회

노후(老後)
명

one's later years / 老後 / 晩年
평균 수명의 연장으로 인해 노후 대책 마련이 시급하다.

기출 회차 24, 22회

논란(論難)
 명

controversy, argument / 論難 / 争议
그 영화는 사회적으로 논란이 될 만한 소재를 다루고 있다.

기출 회차 28, 25, 23, 21회

논문(論文) 명

thesis, paper / 論文 / 论文
몇 년의 연구 끝에 드디어 논문을 완성했다.

기출 회차 27, 21회

논의(論議) 명

discussion, debate / 議論 / 讨论
며칠간의 논의를 거쳐 드디어 결론을 내렸다.

기출 회차 28, 27, 24회

논쟁(論爭) 명

dispute, argument / 論爭 / 争论
그 문제에 관해 회의 참석자들 사이에서 뜨거운 논쟁이 있었다.

기출 회차 28, 24, 22회

농도(濃度) 명

concentration / 濃度 / 浓度
자동차로 인해 대기 오염의 농도가 점점 높아지고 있다.

기출 회차 28, 24회

농산물(農産物) 명

agricultural products, farm produce / 農産物 / 农产品
이 식당 음식은 신선한 농산물을 사용하여 인기가 있다.

기출 회차 25, 23, 21회

높낮이 명

height, high and low / 高低 / 高度
이 의자는 사람에 따라 높낮이를 자동으로 조절할 수 있다.

기출 회차 26, 21회

눈길
명

attention, one's eye / 視線 / 目光
그 영화는 유명한 배우들이 많이 출연해서 눈길을 끌고 있다.
기출 회차 27, 26, 21회

눈여겨보다
동

to watch carefully / 目を凝らして見る、注視する / 留心看
실수하지 않기 위해서는 작은 부분까지도 눈여겨봐야 한다.
기출 회차 26, 22, 21회

뉘우치다
동

to regret, to repent / 悔いる / 悔悟
자기 잘못을 뉘우치는 것을 보니 나쁜 사람은 아닌 것 같다.
기출 회차 23회

느슨하다
형

1. to be loose / 解れる / 松懈
긴장이 느슨해지면 실수를 하기 쉽다.

2. to be slack / 緩い / 不紧
머리를 느슨하게 묶으니까 더 예뻐 보인다.
기출 회차 27, 23회

능률(能率)
명

efficiency / 能率 / 效率
여러 사람이 모여 일을 하니까 능률도 오르고 시간도 절약된다.
기출 회차 27, 25, 21회

능사(能事) 명

everything, solution / 能(ではない) / 本事
잘못을 숨기는 것만이 능사는 아니다.

기출 회차 27, 21회

능통하다(能通--) 형

to be proficient, to be versed / 通じる / 精通
그는 성격도 좋은 데다 외국어도 능통해서 인기가 많다.

기출 회차 28, 23회

다듬다 동

to trim / 整える / 整修
아버지는 아침부터 정원의 잔디를 예쁘게 다듬고 계셨다.

기출 회차 27회

다량(多量) 명

large quantity / 多量 / 大量
안주도 없이 매일 다량의 술을 마시는 것은 위험하다.

기출 회차 26, 25, 22회

다루다 동

1. to treat, to address / 扱う / 讲论
그의 논문은 다문화 사회를 주제로 다루고 있다.

2. to handle / 操作する / 弹奏
그는 운동도 잘하는 데다가 악기도 잘 다룬다.

3. to deal with / 扱う / 对待
아랫사람을 다룰 때에는 대화와 소통이 중요하다.

4. to treat / 扱う / 处理
이 가방은 가죽을 전문으로 다루는 곳에 수리를 맡겨야 한다.

기출 회차 28, 26, 25회

다름없다
형

to be no better than, to be similar / 同然だ / 没有两样
옆집 사람들은 오랫동안 친하게 지내서 가족이나 다름없다.

기출 회차 23, 22회

다만
부

only, merely / ただ / 只是
저는 다만 제가 할 수 있는 최선을 다했을 뿐입니다.

기출 회차 24, 22회

다스리다
동

1. to govern, to rule (over) / 治める / 治理
집안을 다스리지 못하는 사람이 나라를 다스릴 수는 없다.

2. to control, to manage / コントロールする / 控制
그는 자신의 감정을 다스리지 못해서 자주 흥분을 하는 편이다.

3. to treat, to cure / 治療する / 治疗
작은 병을 잘못 다스리면 큰 병으로 발전할 수 있다.

기출 회차 25, 23회

다짐하다
동

to promise, to resolve / 誓う / 决心
신입 사원들은 회사의 발전을 위해서 최선을 다할 것을 다짐했다.

기출 회차 27, 26회

다채롭다(多彩--)
형

to be various, to be varied / 多彩だ / (丰富)多彩
명절을 맞아 각 지역에서는 다채로운 행사가 열렸다.

기출 회차 27, 21회

닥치다
동

to approach, to come near / 見舞われる / 面临
어떠한 일이 닥치더라도 우리는 충분히 이겨낼 수 있다.

기출 회차 28, 27, 25회

단가(單價)
명

unit price, unit cost / 単価 / 单价
생산 단가를 낮추려면 인원을 축소하는 수밖에 없다.

기출 회차 25, 22회

단단하다
형

to be hard, to be solid / 堅い / 坚硬
강추위가 계속 이어지자 강물이 단단하게 얼었다.

기출 회차 28, 25회

단백질(蛋白質)
명

protein / たんぱく質 / 蛋白质
채식주의자들은 고기 대신 콩으로 단백질을 섭취한다.

기출 회차 28, 23, 21회

※ [1~9] 다음 (   )에 알맞은 것을 고르십시오.

1 화장품을 과도하게 사용하면 피부 (   ) 현상이 빨라진다.
  ① 노화　　　　② 노사　　　　③ 노선　　　　④ 노후

2 하늘을 지나는 구름의 (   )에 의해 바다의 색깔이 변한다.
  ① 교환　　　　② 규칙　　　　③ 농도　　　　④ 환경

3 흐린 날이 계속되면 몸이 무겁고 일의 (   )도 오르지 않는다.
  ① 상대　　　　② 능률　　　　③ 신호　　　　④ 역할

4 결과가 좋은 것만 (   )는 아니고 일의 과정도 중요하다.
  ① 흥미　　　　② 인기　　　　③ 기부　　　　④ 능사

5 금속은 공기 중에 오랜 시간 (   ) 있으면 색이 변하게 된다.
  ① 노출되어　　② 구현되어　　③ 회복되어　　④ 포함되어

6 그는 우리와 같이 살고 있지는 않지만 가족이나 (   ) 사람이다.
  ① 끊임없는　　② 쓸모없는　　③ 틀림없는　　④ 다름없는

7 우리는 무슨 일이 있어도 헤어지지 말자고 굳게 (   ).
  ① 시도했다　　② 전달했다　　③ 다짐했다　　④ 적용했다

8 너의 잘못을 (   ) 때까지 외출을 금지시킬 것이다.
  ① 서두를　　　② 뉘우칠　　　③ 머무를　　　④ 바라볼

9 이 병은 떨어져도 깨지지 않는 (   ) 재질로 되어 있습니다.
  ① 단단한　　　② 느슨한　　　③ 넉넉한　　　④ 대단한

10 전 세계적인 <u>논란</u>에도 불구하고 인간 복제에 대한 실험은 계속되고 있다.

① 논쟁　　　　② 논술　　　　③ 논문　　　　④ 논리

11 올림픽 개막식에서는 여러 가지 문화 행사가 <u>다채롭게</u> 펼쳐졌다.

① 특별하게　　　② 다양하게　　　③ 완벽하게　　　④ 충분하게

12 유명 가수의 무료 거리 공연이 펼쳐져 사람들의 <u>눈길</u>을 끌었다.

① 시각　　　　② 시점　　　　③ 시선　　　　④ 시간

13 그는 중국어뿐만 아니라 일본어까지 아주 <u>유창하다</u>.

① 만족하다　　　② 과다하다　　　③ 급격하다　　　④ 능통하다

※ [14~15] 다음 (　　　　)에 공통으로 들어갈 단어를 고르십시오.

14
음식 재료를 (　　　) 솜씨가 마치 요리사와 같다.
이 약품은 아이들에게 위험하므로 주의해서 (　　　) 한다.
요즘은 90년대의 감성을 (　　　) 영화가 인기를 끌고 있다.

① 다루다　　　② 지니다　　　③ 만지다　　　④ 거두다

15
욕심을 (　　　) 못하면 큰일을 할 수 없을 것이다.
옛 사람들은 자연을 (　　　) 그 힘을 이용하려고 했다.
나라를 (　　　) 위해서는 먼저 모든 사람을 사랑해야 한다.

① 부리다　　　② 지키다　　　③ 다스리다　　　④ 건드리다

단번에(單番-)
부

immediately, at once / 一度に / 一下子
그렇게 많은 음식을 단번에 다 먹어 버리다니 정말 놀랍다.
 기출 회차 23, 22회

단서(端緖)
명

clue, lead / 手掛かり / 头绪
경찰은 이번 사건의 단서를 잡기 위해 노력하고 있다.
기출 회차 28, 27, 26, 23, 21회

단숨에(單--)
부

in a drive, with one breath / 一気に / 一口气
얼마나 목이 말랐던지 물 한 컵을 단숨에 마셔 버렸다.
 기출 회차 28, 22회

단열(斷熱)
명

insulation / 断熱 / 隔热
에너지 절약을 위해서는 건물을 지을 때 단열 공사를 잘 해야 한다.
기출 회차 28, 26회

단적(端的)
명 관

direct (proof), obvious (proof) / 端的 / 明显
그가 지금 떨고 있는 것은 거짓말을 하고 있다는 단적인 증거이다.
실업률 증가는 경제 상황이 좋지 않다는 단적 증거이다.
 기출 회차 28, 25, 23회

단지(但只)
부

only, just, simply / ただ / 仅仅
단지 돈을 벌기 위해 일을 한다는 것은 슬픈 일이다.
 기출 회차 28, 26, 25, 24, 22, 21회

달다
동

1. to put on / つける / 縫(扣)
옷에 단추가 떨어져서 친구가 달아 주었다.

2. to title, to give a title / つける / 拟定
글을 다 쓰긴 했는데 아직 제목을 달지 못했다.

3. to install / 取り付ける / 安裝
거실에 에어컨을 다는 공사를 하느라고 시끄럽다.

기출 회차 28, 21회

달라붙다
동

to stick (to), to adhere / くっ付く / 附着
바닥에 껌이 달라붙어서 떨어지지 않는다.

기출 회차 23, 22회

달리하다
동

to differ / 異にする / 不一致
통일 문제에 대해 사람들은 견해를 달리하고 있다.

기출 회차 24, 21회

달하다(達--)
동

to reach, to amount to / 達する / 达到
그 회사는 오랜 기간 노사 갈등으로 인한 손해가 100억에 달한다.

기출 회차 27, 26, 24, 22회

담그다
동

1. to immerse, to dip / 浸ける / 浸泡
따뜻한 물에 발을 담그니 기분이 좋다.

2. to make / 漬ける / 腌
요즘은 집에서 김치를 담그는 경우가 점점 줄어들고 있다.

기출 회차 28, 27, 25, 21회

당당하다(堂堂--) 형

to be confident, to be dignified / 堂々とする / 理直气壮
그 선수는 금메달을 따고 당당하게 귀국했다.

기출 회차 28회

당대(當代) 명

contemporariness / 当代 / 当代
이 책은 당대 지식인들의 사고방식을 간결하게 표현하고 있다.

기출 회차 28, 22, 21회

당초(當初) 명

original / 当初 / 当初
그 계획은 당초부터 잘못된 것이었다.

기출 회차 28, 25회

당황하다(唐慌--) 동

to be embarrassed, to be flustered / 慌てる / 慌张
외국인들이 말을 걸어오면 당황하는 사람들이 많다.

기출 회차 27, 26회

대개(大概) 부

usually, generally / 大概 / 大部分
성인병은 대개 식생활이나 스트레스와 같은 환경적 요인으로 생긴다.

기출 회차 28, 26, 24회

대규모(大規模)
명

large scale, grand scale / 大規模 / 大規模
시골 마을에도 대규모의 아파트 단지가 들어서고 있다.
기출 회차 26, 25, 22회

대다
동

1. to lean (against) / もたせかける / 貼
그는 벽에 등을 대고 서서 내게 말을 걸었다.

2. to make an (excuse) / (言い訳を)つける / 找(借口)
아프다는 핑계를 대고 회사에 출근을 안 했다.

3. to pull up (to) / 停める / 停(車)
이곳에 차를 대시면 안 됩니다.

4. to pay / 負担する / 支付
이번 행사에 필요한 비용 일체를 회사에서 대기로 했다.
기출 회차 27, 26, 23, 22, 21회

대다수(大多數)
명

majority / 大多数 / 大多数
회의에 참석한 대다수의 사람들이 그의 의견에 찬성했다.
기출 회차 27, 21회

대도시(大都市)
명

big city, metropolis / 大都市 / 大城市
대도시는 대개 환경오염이 시골에 비해 심한 편이다.
기출 회차 27, 25회

대리(代理)
명

deputy, substitute / 代理 / 代替
동료가 아파서 내가 대리 근무를 하게 되었다.
기출 회차 28, 27, 26회

대비(對備)
명

preparation, provision / 備え / 预备
노후를 위해 젊었을 때부터 대비를 해 두는 것이 좋다.

대비책　preparation, precaution / 対策 / 预备方案
농산물 시장 개방에 대한 대비책 마련이 시급하다.

대비하다　to prepare (for) / 備える / 备(考)
동생은 시험에 대비해서 밤늦게까지 공부하고 있다.

기출 회차　26, 25, 23, 22, 21회

대수롭다
형

to be significant / 大事だ、大変だ / 重要
그 사람은 대수롭지 않은 얘기도 잘 들어주는 편이다.

기출 회차　27, 26, 22회

대안(代案)
명

alternative / 代案 / 代行方案
기업들은 환경 문제에 대한 확실한 대안을 내놓아야 할 것이다.

기출 회차　27, 26, 22회

대응(對應)
명

action, response / 対応 / 作答
그는 내 말에 별다른 대응을 하지 않았다.

대응하다　to respond, to cope with / 対応する / 应付
시장 개방에 대응하려면 많은 준비가 필요하다.

기출 회차　27, 26, 23, 22회

대전(大戰)
명

great war, world war / 大戰(戦争) / 大战(战争)
두 번의 세계 대전은 인류에게 많은 상처를 입혔다.

기출 회차　24회

대처(對處) 
명

action / 対処 / 应对
화재가 났을 때에는 신속한 대처가 중요하다.
대처하다　to cope with, to deal with / 対処する / 応付
경제 위기에 대처하기 위해서는 소비를 활성화시켜야 한다.
기출 회차 27, 26, 23, 22, 21회

대체로(大體-) 
부

generally, mostly / おおむね / 大体上
오늘 날씨는 대체로 맑다가 오후부터 차차 흐려지겠습니다.
기출 회차 22회

대체하다(代替--) 
동

to substitute, to replace / 交代する / 代替
그 선수가 다치면 대체할 사람이 없어 걱정이다.
기출 회차 23, 21회

대하다(對--) 
동

to treat / 対する、接する / 対待
사람을 대할 때에는 우선 표정을 밝게 하는 것이 좋다.
기출 회차 28, 25, 24, 22회

대형(大型) 
명

large size / 大型 / 大型
대형 냉장고는 소형보다 전기 요금이 많이 나온다.
기출 회차 28, 27, 26, 25, 23, 22회

※ [1~7] 다음 (   )에 알맞은 것을 고르십시오.

1 이 아파트는 (   )이 잘 되어 있어서 겨울에도 난방 걱정이 없다.
① 건축　　　　② 단열　　　　③ 공간　　　　④ 선택

2 긴급 상황에서 어떻게 (   )를 하는 것이 좋을지 미리 알아 둬야 한다.
① 대처　　　　② 비교　　　　③ 연구　　　　④ 취소

3 문제를 한쪽으로만 생각하지 말고 다른 (   )을 생각해 보는 것이 좋겠다.
① 대접　　　　② 대응　　　　③ 대결　　　　④ 대안

4 백화점들은 (   ) 오전 10시에 영업을 시작하는 경우가 많다.
① 각자　　　　② 대개　　　　③ 단지　　　　④ 약간

5 예상하지 못했던 질문을 받고 (   ) 제대로 말이 나오지 않았다.
① 거부하여　　② 납득하여　　③ 당황하여　　④ 경계하여

6 신인 가수의 앨범이 엄청난 인기를 끌어 음반 판매에서 (   ) 1위를 차지하였다.
① 당당하게　　② 충분하게　　③ 거만하게　　④ 급박하게

7 노년층이 청년층에 비해 (   ) 보수적인 경향을 가지고 있다.
① 그대로　　　② 대체로　　　③ 스스로　　　④ 함부로

※ [8~12] 다음 밑줄 친 부분과 의미가 가장 비슷한 것을 고르십시오.

8 지하자원이 점점 사라져 가고 있어 <u>대체할</u> 에너지 개발이 시급하다.
① 바꿀　　　　② 건널　　　　③ 견딜　　　　④ 버틸

정답　1. ② 2. ① 3. ④ 4. ② 5. ③ 6. ① 7. ② 8. ①

9 그 배우는 이번 영화 성공으로 100억 원에 달하는 수익금을 지급 받았다.

① 기르는 　　　　② 고르는 　　　　③ 이르는 　　　　④ 따르는

10 저는 그분에게 단지 감사의 표시로 선물을 드렸을 뿐입니다.

① 끝내 　　　　② 마치 　　　　③ 다만 　　　　④ 왠지

11 예상치 못한 기상 악화로 인해 비행기가 당초 도착 시간보다 많이 늦어졌다.

① 본래 　　　　② 기본 　　　　③ 당장 　　　　④ 절대

12 김 선생님은 학생들의 대수롭지 않은 이야기도 잘 들어 주신다.

① 중요하지 　　　　② 간단하지 　　　　③ 당연하지 　　　　④ 솔직하지

※ [13~15] 다음 (　　　　)에 공통으로 들어갈 단어를 고르십시오.

13
새로 이사 간 집에 에어컨을 다시 (　　　　).
오늘은 국경일이라 집집마다 국기를 (　　　　).
작문을 다 했는데 아직 제목을 (　　　　) 못했다.

① 켜다 　　　　② 걸다 　　　　③ 쓰다 　　　　④ 달다

14
이 요리책에는 장을 (　　　) 법이 잘 소개되어 있다.
어머니는 집에 손님이 오면 직접 (　　　) 과일주를 대접하셨다.
하루 종일 서서 일하는 사람은 뜨거운 물에 발을 (　　　) 주면 좋다.

① 넣다 　　　　② 보다 　　　　③ 만들다 　　　　④ 담그다

15
동생은 배가 아프다는 핑계를 (　　　) 학교에 가지 않았다.
그는 수화기에 귀를 (　　　) 작은 목소리로 이야기를 했다.
회식 자리에 따라 가긴 했지만 술은 입에 (　　　) 않았다.

① 대다 　　　　② 먹다 　　　　③ 붙이다 　　　　④ 남기다

더불다
동

to join, to do together / 共にする / 一起
모두가 더불어 살아가는 사회를 만들어야 한다.

기출 회차 28, 25, 24, 22회

덕분(德分)
명

virtue, favor / お陰 / 多亏
여러분이 응원해 주신 덕분에 행사를 성공적으로 마쳤습니다.

기출 회차 28, 26, 25, 24, 21회

던지다
동

1. to throw, to pitch / 投げる / 投
아이들은 운동장에서 공을 던지며 놀고 있다.

2. to throw, to jump into / 投げる / 躺倒
너무 피곤해서 옷도 벗지 않고 침대에 몸을 던졌다.

3. to offer (words) / 掛ける / 搭(话)
이 사건은 우리 사회에 심각한 도덕적 문제를 던져 주었다.

기출 회차 26, 22회

덩치
명

build, frame / 図体 / 身材
내 친구는 덩치가 커서 음식도 아주 많이 먹는다.

기출 회차 26, 24회

도구(道具)
명

tool, instrument / 道具 / 道具
과학자들은 다양한 도구를 사용하여 연구를 진행하였다.

기출 회차 27, 26, 24, 22, 21회

도달하다(到達--)
부 동

to reach, to attain / 到達する / 达到
목표에 도달하기 위해서는 부지런히 노력해야 할 것이다.
기출 회차 28, 26, 23회

도리어
부

instead, rather / かえって / 反而
잘못한 사람이 도리어 화를 내다니 말도 안 된다.
기출 회차 24, 23, 22회

도모하다(圖謀--)
동

to aim, to promote / 図る / 谋求
주민들의 편의를 도모하기 위해 홈페이지를 개설했다.
기출 회차 26, 24회

도중(途中)
명

in the middle of / 途中 / 中途
일을 하다가 도중에 그만두는 것은 시작하지 않은 것만 못하다.
기출 회차 28, 24회

독립(獨立)
명

independence / 独立 / 独立
그들은 나라의 독립을 위해 목숨을 걸고 싸웠다.

독립적   independent / 独立的 / 独立
요즘 아이들은 독립적인 사고가 부족한 편이다.
기출 회차 27, 26, 22, 21회

독성(毒性)
명

toxicity / 毒性 / 毒性
야생 버섯 중에는 독성이 강해서 먹을 수 없는 것도 있다.

기출 회차 27, 21회

독자(獨自)
명

independently, autonomously / 独自 / 独自
우리나라도 드디어 비행기를 독자 생산할 수 있는 능력을 갖췄다.

독자적   independent / 独自的 / 独自
이 일은 내가 독자적으로 판단해서 결정할 것이다.

기출 회차 28, 27, 25, 21회

동반하다(同伴--)
동

to accompany, to be accompanied by / 同伴する / 伴随
사랑은 언제나 기쁨과 슬픔을 동반하기 마련이다.

기출 회차 27회

동영상(動映像)
명

video / 動画(像) / 视频
동영상 촬영이 가능한 디지털 카메라를 새로 구입하였다.

기출 회차 24, 23회

동일(同一)
명

the same, ditto / 同一 / 相同
이 상품은 동일 제품으로만 교환이 가능합니다.

동일하다   to be equal, to be identical / 同一だ / 相同
동일한 환경에서 생활하는 생물들은 비슷한 생태를 보인다.

기출 회차 28, 27, 26, 25, 23, 22회

동조하다(同調--)
동

to sympathize (with), to go along with / 同調する / 同意
친구는 내 의견에 동조한다는 뜻으로 고개를 끄덕였다.

기출 회차 28, 25, 23회

되살리다
동

to revive, to recreate / 蘇らせる / 复原
오염된 강물을 되살리기 위해 지역 주민들이 힘을 합쳤다.

되살아나다 to revive / 蘇る / 复苏
모두 함께 열심히 노력한 결과 숲이 되살아나고 있다.

기출 회차 25, 23, 21회

두각(頭角)
명

prominence / 頭角 / 头角
한 분야에서 두각을 나타내려면 엄청난 노력이 필요하다.

기출 회차 27, 22회

두뇌(頭腦)
명

brain / 頭腦 / 大脑
컴퓨터에는 인간의 두뇌와 같은 장치가 있다.

기출 회차 28, 26회

두드러지다
형

to be remarkable, to be exceptional / 著しい / 明显
최근에는 결혼을 늦게 하는 현상이 두드러지게 나타나고 있다.

기출 회차 27, 25, 21회

두렵다
형

to be fearful, to be afraid (of) / 怖い / 害怕
새로운 것에 도전하는 것이 두려워 망설이고 있다.

두려움 fear, dread / 恐怖 / 恐惧
밤길에서 두려움을 없애기 위해 큰 소리로 노래를 불렀다.

기출 회차 28, 24, 23, 22회

뒤지다¹
동

1. to go through, to search through / 探す、探る / 翻找
집안을 모두 뒤졌지만 잃어버린 책을 찾지 못했다.

2. to look through / 探す、探る / 翻阅
나는 친구의 주소를 찾기 위해 수첩을 뒤졌다.

기출 회차 22회

뒤지다²
동

to fall behind, to get left behind / 引けを取る / 落后
형에게 뒤지지 않기 위해 동생도 최선을 다하고 있다.

기출 회차 27, 24, 23회

뒤집다
동

1. to turn inside out / 裏返す / 反(穿)
아침에 바쁘게 나오다 보니 옷을 뒤집어 입었다.

2. to upset, to overturn / 覆す / 扭转
박 교수님의 새 논문은 세상 사람들의 생각을 뒤집었다.

3. to capsize / ひっくり返す / 翻(船)
거대한 파도가 순식간에 배를 뒤집어 버렸다.

기출 회차 24회

뒤처지다
동

to fall behind, to lag behind / 遅れる / 落后
시골 학교는 도시보다 교육 시설이 뒤처진 곳이 많다.

기출 회차 26, 24회

뒷받침
명

support, back up / 後押し / 支持
부모님의 뒷받침 덕분에 무사히 학업을 마칠 수 있었다.

뒷받침되다　to be supported / 後押しされる / 陪衬
교육 효과를 높이기 위해서는 학습 환경이 뒷받침되어야 한다.

뒷받침하다　to back up / 後押しする / 垫底儿
정부의 정책을 뒷받침하기 위한 연구가 진행되고 있다.

기출 회차　28, 27, 25, 24, 22, 21회

드러나다
동

to show, to be exposed / 表れる / 显露
영화의 마지막에 감독이 전달하고자 하는 메시지가 드러나 있다.

기출 회차　27, 26, 25, 24, 22, 21회

드물다
형

to be rare, to be unusual / 希だ / 稀少
인적이 드문 산길이어서 혼자 걷기 무서웠다.

기출 회차　24, 23회

든든하다
형

to be confident, to be reliable / 頼もしい / 踏实
네가 내 옆에 있어 주는 것만으로도 정말 든든하다.

기출 회차　21회

연습 문제

※ [1~8] 다음 (   )에 알맞은 것을 고르십시오.

1 아버지는 주말만 되면 낚시 (   )를 챙겨서 바다에 가시곤 했다.

① 기구   ② 가구   ③ 도구   ④ 공구

2 이번 일은 너 혼자 (   )으로 처리할 일이 아니다.

① 독자적   ② 효과적   ③ 실제적   ④ 절대적

3 그 선수가 이번 경기에서 (   )을 나타낸 것은 결코 우연이 아니다.

① 결실   ② 급등   ③ 능률   ④ 두각

4 노사 양측은 오랜 시간 협상을 계속한 끝에 합의에 (   ) 되었다.

① 관련하게   ② 도달하게   ③ 제출하게   ④ 적용하게

5 폭우를 (   ) 태풍이 지금 한반도를 향해 다가오고 있다.

① 이용한   ② 제공한   ③ 진행한   ④ 동반한

6 올여름 휴가의 가장 (   ) 특징은 가족 단위의 휴가가 늘어난 것이다.

① 까다로운   ② 안타까운   ③ 두드러진   ④ 부지런한

7 조사 결과, 건축주는 정식으로 허가도 받지 않고 공사를 한 것으로 (   ).

① 드러났다   ② 가리켰다   ③ 늘어났다   ④ 벌어졌다

8 최근 부동산 경기 침체로 인해 집을 사려는 사람이 (   ).

① 낯설다   ② 드물다   ③ 부럽다   ④ 놀랍다

정답 1.③ 2.① 3.④ 4.② 5.④ 6.③ 7.① 8.②

※ [9~12] 다음 밑줄 친 부분과 의미가 가장 비슷한 것을 고르십시오.

9 당연한 일을 했을 뿐인데 칭찬을 해 주시니 제가 <u>도리어</u> 부끄럽습니다.

① 마침내 　　② 더구나 　　③ 적어도 　　④ 오히려

10 좁은 방에 <u>덩치</u> 큰 사람이 10명이나 있으니 너무 답답하다.

① 체격 　　② 근력 　　③ 무게 　　④ 간격

11 그림 속의 풍경이 실제와 너무 <u>똑같아서</u> 보는 사람마다 놀란다.

① 간편해서 　　② 동일해서 　　③ 단순해서 　　④ 과다해서

12 제 의견에 <u>동조하는</u> 사람은 지금 손을 들어 주세요.

① 포함하는 　　② 해결하는 　　③ 찬성하는 　　④ 참가하는

※ [13~15] 다음 ( )에 공통으로 들어갈 단어를 고르십시오.

13
새 선수가 들어와서 경기 마지막에 승부를 ( ) 버렸다.
바지 주머니 속에 먼지가 많아서 ( ) 털어야 할 것 같다.
그의 연구가 완성되면 기존의 이론을 ( ) 수 있을 것이다.

① 뒤집다 　　② 바꾸다 　　③ 견디다 　　④ 나서다

14
동물에게 함부로 돌을 ( ) 안 된다.
그는 나무 아래 잔디밭에 몸을 ( ) 누웠다.
상사와 말다툼 끝에 그만 사표를 ( ) 나와 버렸다.

① 내다 　　② 구르다 　　③ 던지다 　　④ 두드리다

15
돈이 하나도 없는 줄 알았는데 가방을 ( ) 천 원이 나왔다.
경찰은 달아난 범인을 잡기 위해 인근 지역을 빠짐없이 ( ).
논문 자료를 구하기 위해 도서관에서 관련 책을 모두 ( ) 보았다.

① 돌다 　　② 맡다 　　③ 모으다 　　④ 뒤지다

들려오다
동

to reach one´s ears, to come into hearing / 聞こえる / 传来
밖에서 싸우는 소리가 들려와서 나가 보았다.

기출 회차 26, 22회

들려주다
동

to give a talk / 聞かせる / 讲(故事)
할머니는 늘 우리에게 옛날이야기를 들려주셨다.

기출 회차 27, 24회

들어서다
동

1. to come into being / 建つ / 建造
대형 병원이 들어선다는 말에 주민들이 기뻐하고 있다.

2. to enter / 入る / 走进
선생님이 교실에 들어서자 아이들은 모두 조용해졌다.

3. to be established / 建つ / 出台
국민들은 새 정부가 들어서면 경제가 좋아질 것이라고
기대하고 있다.

기출 회차 27, 26, 24, 23, 22회

들여다보다
동

1. to look at / 見る / 看着
김 대리는 일은 안 하고 계속 시계만 들여다보고 있다.

2. to look in(to) / 覗く / 往里看
가게 안에 사람이 있는지 들여다보았다.

3. to read one's thought / 読む / 看穿
나는 네가 무슨 생각을 하고 있는지 속을 들여다보고 싶다.

기출 회차 28, 24회

들이다 
동

1. to spend, to pay / 掛ける / 花費
많은 돈을 들여 만든 건축물이 화재로 모두 타 버렸다.

2. to form, to cultivate / つける / 養成
어릴 때 버릇을 잘못 들이면 어른이 되어서 고치기 힘들다.

3. to get (someone), to let (someone) into (the house) / 入れる / 娶进
예로부터 사람을 잘 들여야 집안이 잘된다고 했다.

기출 회차　28, 27, 26, 21회

들이마시다 
동

to breathe in, to inhale / 吸い込む、飲み込む / 吸气
그는 숨을 크게 들이마신 후 강물에 뛰어들었다.

기출 회차　28회

등급(等級) 
명

class, grade / 等級 / 等级
등급이 낮은 쇠고기라고 해서 맛이 없는 것은 아니다.

기출 회차　26, 24회

등기(登記) 
명

registered mail / 登記 / 挂号(邮件)
시간이 없으니까 이 소포를 등기로 보내 주세요.

기출 회차　24, 22회

등록(登錄)
명

registration, sign up (for) / 登錄 / 报名
영어를 배우려고 학원에 등록을 했다.

기출 회차　25, 22회

떨치다¹
동

to shake off, to get rid of / 振り放す / 摆脱
발표를 잘할 수 있다고 말은 했지만 긴장감을 떨칠 수가 없다.

기출 회차 23회

떨치다²
동

to acquire (reputation), to win / 轟かす / 扬名
지금은 비록 무명이지만 언젠가 좋은 작품을 써서 이름을 떨칠 것이다.

기출 회차 26회

떳떳하다
형

to be honorable, to be blameless / 堂々たる / 堂堂正正
너는 잘못한 게 없으니 떳떳하게 행동하길 바란다.

기출 회차 27, 24회

뚫다
동

1. to bore, to drill / 穴を開ける / 穿凿
에어컨을 달기 위해서는 벽을 뚫어야 할 것 같다.

2. to come through / 突き破る / 突破
그는 높은 경쟁률을 뚫고 대기업에 입사했다.

3. to win (trade) / 探し出す / 拉(客户)
새로운 거래처를 뚫기 위해 두 달 동안 노력했다.

뚫리다　to be constructed / 通じる / 开通
집 앞으로 도로가 뚫려서 교통이 훨씬 편리해졌다.

기출 회차 28, 26, 24, 22회

뛰어넘다
동

to exceed, to leap / 越える / 超出
우리 선수들은 예상을 뛰어넘는 좋은 결과를 거두었다.

기출 회차 26, 24회

뛰어들다
동

to jump into, to go into / 飛び込む / 投身
그는 오랫동안 해 오던 공부를 포기하고 사업에 뛰어들었다.

기출 회차 26, 21회

뜻있다
형

1. to be meaningful / 意味のある / 有意义
적은 돈이지만 뜻있는 일에 쓰였으면 합니다.

2. to be worthwhile / 志のある / 有意
과학 발전을 위해 뜻있는 학자들이 모였다.

기출 회차 27, 22회

띄다
동

1. to stick out, to stand out / （目に）つく、目立つ / 看见
남의 눈에 띄지 않는 곳에서 조용히 살고 싶다.

2. remarkably / （目に）つく / 明显
며칠 동안 비가 많이 내려 강물이 눈에 띄게 불어났다.

기출 회차 23, 21회

띠다
동

1. to show / 帯びる / 呈(色)
호수의 물이 푸른 빛을 띠고 있어서 정말 아름다웠다.

2. to come to (life) / 帯びる / 呈现
정부는 부동산 경기가 곧 활기를 띠게 될 것이라고 전망하고 있다.

기출 회차 28, 26회

마감
명

deadline / 締切り / 收尾
원고 마감에 늦지 않으려면 부지런히 서둘러야 한다.

마감일　cutting date, closing date / 締切日 / 截止日
대학 입학원서 접수 마감일이 내일로 다가왔다.

`기출 회차` 25, 24, 22, 21회

마땅하다
형

1. to be deserved / 当然だ / 应该
물가가 오르는 만큼 월급도 같이 올라야 마땅하다.

2. to be suitable, to be proper / 適当だ / 合适
이번 일에 마땅한 사람이 떠오르지 않아 걱정이다.

`기출 회차` 27, 26, 25, 23회

마비되다(痲痹--)
동

1. to be paralyzed / 麻痺する / 麻痹
그는 교통사고로 다리를 다쳐서 한쪽 다리가 마비되었다.

2. to get numb / 麻痺する / 堵塞
대도시에 폭설이 내리자 도로가 온통 마비되었다.

`기출 회차` 28, 25, 21회

마음껏
부

as much as one likes, to one's heart's content
/ 思い切り / 尽情
행사에 제공되는 음식은 무료이니 마음껏 즐기시기 바랍니다.

`기출 회차` 28, 27, 24, 22회

마음대로
부

as one likes / 勝手に / 擅自
허락도 받지 않고 남의 방에 마음대로 들어가면 안 된다.

`기출 회차` 24, 23회

마치
부

like, as if, though / まるで / 仿佛
번지점프를 하면 마치 내가 새가 된 것 같은 느낌이 든다.
기출 회차 28, 27, 24, 23회

막대하다(莫大--)
형

to be huge, to be enormous / 莫大だ / 巨大
막대한 비용을 들여 건설한 다리가 순식간에 무너져 내렸다.
기출 회차 27, 26, 25, 21회

만료(滿了)
명

expiration, termination / 満了 / 到期
여권 기간이 만료가 되어 다시 발급을 받으러 갔다.
기출 회차 26, 24회

말썽
명

trouble / もめ事 / 闹事
괜히 말썽을 일으키지 말고 조용히 있어야 한다.
기출 회차 26, 21회

맞아떨어지다
동

to match / 一致する / 符合
이 옷의 디자인이 젊은 여성들의 취향과 맞아떨어져 인기가 좋다.
기출 회차 28, 25, 24, 23회

연습 문제

※ [1~6] 다음 (　　　　)에 알맞은 것을 고르십시오.

1 영화의 상영 (　　　　)을 판정하기 위해서는 보다 명확한 기준이 필요하다.

① 가격　　　　② 등급　　　　③ 규칙　　　　④ 방향

2 원고 (　　　　) 날짜는 점점 다가오는데 마무리는커녕 내용 정리도 못했다.

① 마감　　　　② 발생　　　　③ 선택　　　　④ 기부

3 사무실 계약 기간이 (　　　　)가 되어서 재계약을 하게 되었다.

① 차례　　　　② 정도　　　　③ 유지　　　　④ 만료

4 새로운 업무를 담당할 (　　　　) 인재가 나타나지 않아서 걱정이다.

① 넉넉한　　　　② 마땅한　　　　③ 당연한　　　　④ 충분한

5 갑자기 내린 폭설로 인해 산간 지방의 교통이 (　　　　).

① 마비되었다　　　② 강조되었다　　　③ 개발되었다　　　④ 반복되었다

6 그는 (　　　　) 영화 속의 한 장면처럼 막 떠나려는 기차 위로 날아올랐다.

① 오직　　　　② 겨우　　　　③ 마치　　　　④ 살짝

※ [7~9] 다음 밑줄 친 부분과 의미가 가장 비슷한 것을 고르십시오.

7 우리 회사는 이미 <u>엄청난</u> 손해를 입었기 때문에 더 이상의 지출은 곤란하다.

① 다양한　　　　② 특별한　　　　③ 가능한　　　　④ 막대한

8 그녀는 자신이 가진 재능을 <u>한껏</u> 자랑하며 멋지게 공연을 마쳤다.

① 마음껏　　　　② 정성껏　　　　③ 욕심껏　　　　④ 이제껏

9 나는 지금까지 누구에게도 아쉬운 소리를 하지 않고 <u>떳떳하게</u> 살아왔다.

① 솔직하게　　　　② 당당하게　　　　③ 순수하게　　　　④ 정확하게

※ [10~15] 다음 (   )에 공통으로 들어갈 단어를 고르십시오.

10

잡념을 (   ) 데에는 운동만큼 좋은 것이 없다.
그는 당대 학자들 가운데 가장 널리 이름을 (   ).
우리나라 음악가들은 국내보다 해외에서 오히려 그 기세를 (   ).

① 버리다   ② 없애다   ③ 떨치다   ③ 키우다

11

낡은 건물을 허문 자리에 현대식 건물이 (   ) 된다.
아이는 엄마한테 혼날까 봐 잔뜩 긴장을 하고 방으로 (   ).
그녀는 우연한 기회에 감독의 마음에 들어 배우의 길로 (   ).

① 오다   ② 나가다   ③ 생기다   ④ 들어서다

12

어서 손님을 방으로 (   ) 차와 음식을 내 오거라.
이 작품은 작가가 오랜 시간 공을 (   ) 만든 것이다.
컴퓨터 게임에 한번 재미를 (   ) 빠져 나오기 힘들다.

① 들이다   ② 모시다   ③ 붙이다   ④ 모으다

13

그는 높은 경쟁률을 (   ) 원하는 회사에 취직을 했다.
아파트 단지 앞에 큰 도로를 (   ) 교통이 편리해졌다.
우리의 기업들은 해외 시장을 (   ) 위해 밤낮으로 뛰고 있다.

① 잡다   ② 뚫다   ③ 찾다   ④ 넘다

14

동생은 무슨 좋은 일이 있는지 계속 환한 미소를 (   ) 있다.
추운 겨울에는 바닷물이 더욱 더 깊고 푸른빛을 (   ) 것 같다.
불황이던 경제가 새해 들어서면서부터 점점 활기를 (   ) 되었다.

① 짓다   ② 보다   ③ 띠다   ④ 찾다

15

며칠째 비가 오지 않아서 강물이 눈에 (   ) 줄었다.
옷을 사 주겠다는 언니 말에 나는 귀가 번쩍 (   ) 얼른 따라갔다.
아직 봄이 끝나지 않았는데 백화점에는 벌써 여름옷들이 눈에 (   ).

① 띠다   ② 들다   ③ 보이다   ④ 걸리다

매개(媒介) 〔명〕

medium, intermediation / 媒介 / 媒介

그 두 사람은 전화를 매개로 하여 서로 친해졌다.

기출 회차 28, 27회

매기다 〔동〕

to mark, to grade / つける / 打分

시험 점수를 공정하게 매기기 위한 확실한 기준이 필요하다.

기출 회차 27, 25, 24, 21회

매료되다(魅了--) 〔동〕

to be fascinated by / 魅了される / 被吸引

그 가수의 신나는 노래 한 곡에 전 세계인이 매료되고 있다.

기출 회차 27회

매번(每番) 〔명〕

always, all the time / 每回 / 每次

어려울 때마다 매번 도와주셔서 진심으로 감사드립니다.

기출 회차 27, 24, 21회

매진되다(賣盡--) 〔동〕

to be sold out / 売切れる / 卖光

모처럼 남편과 영화를 보러 갔는데 표가 매진되고 없었다.

기출 회차 26, 24회

맺다

1. to end, to conclude / 結ぶ / 结(尾)
큰 인기를 끌며 방송되었던 드라마가 행복한 결말을 맺으며 끝났다.

2. to knit (bond) / 結ぶ / 建立
우리가 한번 맺은 인연은 평생 끊어지지 않을 것이다.

3. to bear (fruit) / 結ぶ / 结(果)
가을이 되면 온갖 과일들이 열매를 맺는다.

맺히다   to be formed / 宿る / 含(泪)
아이의 눈에는 금방이라도 흘러내릴 것처럼 눈물이 맺혀 있다.

[기출 회차] 24, 23, 22회

머리카락

hair / 髪の毛 / 头发
어머니는 요즘 머리카락이 많이 빠진다고 걱정을 하신다.

[기출 회차] 27, 23회

면역(免疫)

immunity / 免疫 / 免疫
정신적인 스트레스를 많이 받으면 신체의 면역 능력도 떨어진다.

[기출 회차] 25, 22, 21회

면제(免除)

exemption / 免除 / 免除
이 상품은 세금이 면제가 되어 가격이 아주 저렴합니다.

[기출 회차] 27, 26회

명심하다(銘心--)

to keep in mind, to bear in mind / 肝に銘じる / 铭记
인간관계가 원만해야 인생이 행복해진다는 것을 명심해야 한다.

[기출 회차] 28, 21회

명확하다(明確--)
 형

to be clear, to be obvious / 明確だ / 明确
그는 내 질문에 명확한 대답은 하지 않고 고개만 끄덕였다.

기출 회차 28, 26, 25회

모락모락
부

steaming, (steam or smoke) rises up / もくもく / 袅袅
저녁 무렵 시골 마을에서 밥 짓는 연기가 모락모락 피어난다.

기출 회차 28, 23회

모으다
 동

1. to save, to accumulate / 貯める / 攒(钱)
결혼 비용을 마련하기 위해 매월 돈을 모으고 있다.

2. to gather, to cooperate / 集める / 汇聚
모두의 정성을 모아서 준비한 선물이니까 받아 주세요.

3. to collect, to gather / 集める / 收集
학생들은 운동장에 떨어진 휴지를 모으고 있다.

4. to attract, to draw in / 集める / 聚集
그 영화는 많은 관객을 모으는 데 성공했다.

5. to attract, to gain / 集める / 攒(人气)
이 노래가 요즘 10대들 사이에서 인기를 모으고 있는 곡이다.

기출 회차 28, 27, 26, 24, 22, 21회

몰리다
동

1. to be concentrated / 集中する / 集中
5월에는 공휴일이 몰려 있어서 일하지 않는 날이 많다.

2. to congregate, to converge / 集中する / 拥挤
고속도로에 차가 한꺼번에 몰려 매우 혼잡하다.

3. to crowd / 集中する / 密集
그 거리는 유명한 식당들이 몰려 있어 항상 사람들로 붐빈다.

4. to be cornered, to be pushed / 追い込まれる / 逼入
사람이 위기에 몰리면 평소와는 다른 새로운 모습이 나타난다.

기출 회차 24, 22, 21회

못마땅하다

to be displeased, to be unhappy / 気に入らない / 不満意
아이는 무엇이 못마땅한지 아까부터 말없이 울기만 한다.

기출 회차 28, 25, 21회

묘사하다(描寫--)

to describe / 描写する / 描述
이 소설은 인간의 내면세계를 세밀하게 묘사하고 있다.

기출 회차 28, 23회

무관하다(無關--)

to be unrelated, to be irrelevant / 関係ない / 无关
그는 오해를 받긴 했지만 이번 사건과 무관한 것으로 밝혀졌다.

기출 회차 26, 24, 23, 21회

무기(武器)

weapon, arms / 武器 / 武器
화학 무기는 사람뿐 아니라 자연에도 엄청난 피해를 입힌다.

기출 회차 25회

무너지다

1. to collapse / 崩壊する / 瓦解
요즘은 집안일에 대한 남녀의 영역 구분이 무너지고 있다.

2. to crumble / 崩れる / 落空
세 번이나 시험에서 실패하자 그에 대한 기대가 무너져 버렸다.

3. to be destroyed / 崩壊する / 倒塌
대지진으로 인해 도시의 건물들이 모두 무너지고 말았다.

기출 회차 25, 23, 22회

| 무덤
명 | grave, tomb / 墓 / 坟墓
이곳은 왕과 왕비의 무덤이 있는 곳이다.
기출 회차 27, 25회 |

| 무렵
명 | in those days / 頃 / 时分
기다리고 기다리던 소포가 저녁 무렵에 도착했다.
기출 회차 25회 |

| 무리(無理)
명 | by force, against (a persons's) will / 無理 /
难(超出一定程度)
이번 일은 우리 힘만으로는 무리인 것 같으니 그만합시다.
기출 회차 24회 |

| 무모하다(無謀--)
형 | to be rash, to be reckless / 無謀だ / 盲目
무모한 도전이라고 해도 해 보지 않고 포기할 수는 없다.
기출 회차 22회 |

| 무방하다(無妨--)
형 | to be fine, to be all right / 構わない / 无妨
수업이 끝난 후에는 교실에 있는 컴퓨터를 써도 무방하다.
기출 회차 28, 22회 |

| 무분별하다
(無分別--)
형 | to be thoughtless, to be indiscriminate / 無分別だ
/ 不顾前后
무분별한 도시 개발은 환경 파괴를 가져오기 쉽다.
기출 회차 27, 24, 23회 |

무산되다(霧散--)
동

to miscarry / 霧散する / 泡汤
갑자기 일이 생겨서 오랜 시간 계획했던 여행이 무산되었다.

기출 회차 27, 26, 21회

무색하다(無色--)
형

to be absurd / 顔負けする / 淡化
할아버지께서는 여든이라는 나이가 무색할 정도로 건강하시다.

기출 회차 26, 24회

무선(無線)
명

radio, wireless communications / 無線 / 无线
무선 통신 업체들은 가입자를 모으기 위해 경쟁하고 있다.

기출 회차 25, 24회

무성하다(茂盛--)
형

to be thick, to be overgrown / 生い茂る / 茂盛
여름날 무성했던 나뭇잎들이 가을이 되자 모두 떨어졌다.

기출 회차 26, 24회

무수히(無數-)
부

in countless numbers, beyond count / 無数に / 无数
밤하늘에 떠 있는 무수히 많은 별들을 보며 소원을 빌었다.

기출 회차 26, 24회

무의미하다
(無意味--)
형

to be meaningless, to be pointless / 無意味だ / 没有意义
목적이 확실하지 않은 일을 하는 것은 무의미할 뿐이다.

기출 회차 24, 22회

연습 문제

※ [1~7] 다음 (   )에 알맞은 것을 고르십시오.

1 이 병은 파리를 (   )로 하여 발생한다는 연구 결과가 나왔다.
① 가지 ② 매개 ③ 거래 ④ 대표

2 모유는 아기에게 (   ) 물질을 공급하여 여러 병으로부터 지켜 준다.
① 공기 ② 교류 ③ 면역 ④ 등록

3 한 달 평균 소득이 100만 원 이하인 가구는 일부 세금 (   ) 혜택을 받는다.
① 면제 ② 동반 ③ 균형 ④ 배경

4 이 제품을 만들기 위해 땀과 눈물을 흘린 사람이 있다는 것을 (   ) 한다.
① 동조해야 ② 만족해야 ③ 납득해야 ④ 명심해야

5 사람의 발길이 닿지 않는 깊은 산속에는 온갖 나무들이 (   ).
① 무모하다 ② 무색하다 ③ 무성하다 ④ 무정하다

6 지역 이기주의로 인하여 사회 공공시설 건립 계획이 (   ) 말았다.
① 공유되고 ② 무산되고 ③ 고정되고 ④ 노출되고

7 저녁 무렵이 되자 집집마다 밥 짓는 연기가 (   ) 피어올랐다.
① 울긋불긋 ② 가물가물 ③ 모락모락 ④ 살금살금

※ [8~11] 다음 밑줄 친 부분과 의미가 가장 비슷한 것을 고르십시오.

8 딸아이는 무엇이 <u>못마땅한지</u> 아까부터 계속 묻는 말에 대답이 없다.
① 감동인지 ② 목적인지 ③ 갈등인지 ④ 불만인지

9 세상에는 <u>수없이</u> 많은 책들이 있지만 정작 읽고 싶은 책은 많지 않다.
① 무수히 ② 꾸준히 ③ 대단히 ④ 굉장히

정답 1.② 2.③ 3.① 4.③ 5.③ 6.② 7.③ 8.④ 9.①

10 이 작품은 작가가 발로 뛰며 찾은 시장의 모습을 생생하게 <u>나타내고</u> 있다.

① 감수하고 　　② 묘사하고 　　③ 구분하고 　　④ 구비하고

11 직원들이 모두 퇴근한 후에는 사무실 청소를 해도 <u>괜찮다</u>.

① 무방하다 　　② 당연하다 　　③ 과도하다 　　④ 능통하다

※ [12~15] 다음 (　　　　　)에 공통으로 들어갈 단어를 고르십시오.

12
계절이 바뀌더니 어느새 꽃이 지고 그 자리에 열매를 (　　　　).
그 감독은 신인 배우와 함께 영화를 찍기로 하고 계약을 (　　　　).
무슨 일이든 시작도 중요하지만 끝을 잘 (　　　　) 것이 더 중요하다.

① 하다 　　② 맺다 　　③ 끝내다 　　④ 생기다

13
우유팩을 (　　　　) 재생 화장지를 만들어 사용하는 경우가 많다.
그는 평생 동안 (　　　　) 재산을 도박으로 한꺼번에 날려 버렸다.
우리는 이번 실패를 경험 삼아 다시 힘을 합하기로 뜻을 (　　　　).

① 쌓다 　　② 잡다 　　③ 모으다 　　④ 가지다

14
쥐도 구석으로 (　　　　) 호랑이를 무는 법이다.
휴가 차량이 한꺼번에 (　　　　) 고속도로는 주차장이 되었다.
공항에는 유명 연예인을 보려는 사람들이 (　　　　) 발 디딜 틈이 없다.

① 몰리다 　　② 모이다 　　③ 쫓기다 　　④ 달리다

15
철저한 준비를 하지 않고 무작정 세운 계획은 (　　　　) 쉽다.
백화점과 다리가 (　　　　) 사람들은 모두 두려움에 떨고 있다.
권력이 한곳으로만 치우치면 자유 민주주의 체제가 (　　　　) 된다.

① 넘어가다 　　② 사라지다 　　③ 들어가다 　　④ 무너지다

무의식적 (無意識的)
명 관

unconscious, involuntary / 無意識的 / 无意识
아이들은 놀랐을 때 무의식적으로 엄마를 찾는다.
거짓말을 하기 전에 심호흡을 하는 것은 무의식적 행동이다.

기출 회차 27, 23, 22회

무인(無人)
명

manless / 無人 / 无人
경찰청에서는 도로 곳곳에 무인 감시 카메라를 설치했다.

기출 회차 27, 25회

무작정(無酌定)
부

blindly, thoughtlessly / 当てもない / 漫无目的
때로는 아무 계획 없이 무작정 떠나고 싶을 때가 있다.

기출 회차 24, 23, 21회

묶다
동

1. to tie, to knot / 結ぶ / 捆绑
긴 머리를 하나로 묶으니까 훨씬 어려 보인다.

2. to tie, to bind / 結ぶ / 系
산에 오르기 전에 등산화의 끈을 다시 한 번 단단히 묶었다.

3. to hold / 縛る / 关
걱정된다고 아이를 집에만 묶어 두는 것은 좋지 않다.

기출 회차 28, 26, 23, 22회

문득
부

suddenly, all of a sudden / ふと / 突然
이 노래를 들으니 문득 어린 시절의 추억이 떠오른다.

기출 회차 28, 22회

문명(文明)
명

civilization / 文明 / 文明
문명은 대부분 강이 있는 지역에서 처음 발생하였다.

기출 회차 26회

문헌(文獻)
명

literature (on) / 文献 / 文献
옛 문헌에서 과거의 생활상을 찾아볼 수 있다.

기출 회차 25, 21회

묻히다
동

1. to be buried / 埋まる / 埋藏
바다 밑에는 엄청난 자원이 묻혀 있다.

기출 회차 26, 22회

2. to smear, to coat / つける / 沾
세제를 수건에 묻혀 그릇을 조심스럽게 닦았다.

기출 회차 28회

뭉치다
동

to get together / 団結する / 团结
혼자의 힘으로는 힘들지만 모두가 뭉치면 아무리 어려운 일도
해낼 수 있다.

기출 회차 26, 24, 22회

미끄럼
명

slide, slip / 滑り / 打滑
놀이터에서 아이들이 미끄럼을 타며 놀고 있다.

기출 회차 24, 23회

미미하다(微微--)
형

to be slight, to be insignificant / 微々だ / 微不足道
전자 도서관이 새로 들어섰지만 아직 이용객 수가 미미한 편이다.

기출 회차 27, 26, 22회

미생물(微生物)
명

microorganism, microbe / 微生物 / 微生物
바이러스와 같은 미생물은 전자 현미경으로 관찰이 가능하다.

기출 회차 26, 24, 21회

미세하다(微細--)
형

to be minute, to be tiny / 微細だ / 微細
침대에는 눈에 보이지 않는 미세한 먼지가 많이 쌓여 있다.

기출 회차 25, 24, 23, 22, 21회

미적(美的)
명

esthetic / 美的 / 審美
시대에 따라 관습이나 유행이 달라지기 때문에 미적 가치도 변한다.

기출 회차 27, 26회

미지(未知)
명

unknown / 未知 / 未知
인간은 누구나 미지의 세계에 대한 환상을 가지고 있다.

기출 회차 25, 23회

미처
부

yet / かつて / 没来得及
직장 생활이 어렵다는 것을 예전에는 미처 몰랐다.

기출 회차 28, 27, 26, 24, 21회

미해결(未解決)
명

unsettledness / 未解決 / 未決
수많은 사건들이 오래도록 미해결로 남아 있다.

기출 회차 27회

미흡하다(未洽--)
형

to be insufficient, to be unsatisfactory / 不十分だ / 不足

유아 보육 시설에 대한 국가적인 지원이 아직 미흡한 상태이다.

기출 회차 26회

밀리다
동

1. to be swept / 押される / 推(倒)
퇴근 시간에 전철을 타다가 사람들에게 밀려 넘어졌다.

2. to be overdue / 滞る / 拖欠
공장 노동자들이 밀린 임금을 받기 위해 회사 앞에 모여 있다.

3. to get behind / 押される / 挤出
한때 유명했던 선수들도 세월이 흐르면 후배에게 밀리기 마련이다.

기출 회차 28, 26, 22회

밑돌다
동

to fall short (of) / 下回る / 低于
영하 20도를 밑도는 강추위가 연일 계속되고 있다.

기출 회차 24, 22회

밑바탕
명

foundation, basis / 基礎 / 基础
독서는 글쓰기의 밑바탕이 되므로 평소 책을 많이 읽는 것이 좋다.

기출 회차 28, 27, 24, 21회

박사(博士)
명

degree of doctor, Ph.D / 博士 / 博士
대학원에 진학해서 박사 학위까지 받고 싶다.

기출 회차 26, 21회

박자(拍子)
명

beat / 拍子 / 节拍
그들은 흐르는 노래의 박자에 맞추어 춤을 추기 시작했다.

기출 회차 26, 25회

반성하다(反省--)
동

to reflect / 反省する / 反省
이번 잘못을 반성하고 다시는 같은 일을 반복하지 마라.

기출 회차 27, 22회

반죽
명

dough, paste / 練り物 / 生面团
밀가루 반죽을 비닐로 덮어 두었다가 빵을 만들었다.

기출 회차 26, 22회

발성(發聲)
명

vocalization / 発声 / 发声
그녀는 노래를 잘 부르기 위해 아침부터 발성 연습을 하고 있다.

기출 회차 25, 22회

발행(發行)
명

publication / 発行 / 发行
신용카드와 휴대폰 결제 확산으로 지폐 발행이 점점 줄어들고 있다.

기출 회차 24회

발효(醱酵)
명

fermentation / 発酵 / 发酵
김치는 한국의 대표적인 발효 음식 중의 하나이다.

기출 회차 28, 27, 23회

발휘하다(發揮--)
동

to demonstrate, to display / 発揮する / 发挥
우리의 실력을 최대한 발휘해서 이번 경기에서 꼭 이기자.

기출 회차 28, 26, 25, 24, 23, 22회

방어(防禦)
명

defense / 防御 / 防御
아무리 약한 동물도 자신이 공격을 당하면 적극적으로 방어를 한다.

기출 회차 23, 21회

배송(配送)
명

shipping, delivery / 配送 / 配送
인터넷 쇼핑몰에서는 2만 원 이상 구매하면 무료로 배송을 한다.

기출 회차 27, 21회

배양(培養)
명

cultivation, incubation / 培養 / 培养
이번 훈련을 통해 학생들이 올바른 인격 배양을 하기 바란다.

기출 회차 25, 21회

배제하다(排除--)
동

to exclude, to rule out / 排除する / 排除
교육 정책을 세우려면 현직 교사들의 의견을 배제해서는 안 된다.

기출 회차 28, 26회

배치(配置)
명

arrangement, placement, disposition / 配置 / 布局
가구 배치를 변경하는 것만으로도 집안 분위기가 새로워진다.

배치하다   to arrange / 配置する / 安排
이 작품은 다양한 소재를 배치하여 조화의 미를 살렸다.

기출 회차 26, 25, 23회

ㅂ

※ [1~8] 다음 (   )에 알맞은 것을 고르십시오.

1 20년 전에 발표된 (   )을 검토하다가 놀라운 사실을 발견했다.
　① 문헌　　　　② 가입　　　　③ 개념　　　　④ 등급

2 아직 사람의 발길이 닿지 않은 (   )의 세계로 여행을 떠나 보자.
　① 내면　　　　② 미지　　　　③ 단서　　　　④ 등기

3 손가락을 빨리 움직이지 않으면 (   )에 맞게 연주할 수가 없다.
　① 박자　　　　② 박수　　　　③ 감정　　　　④ 감성

4 도자기를 만들 때에는 흙 (   )의 상태가 무엇보다 중요하다.
　① 조각　　　　② 성질　　　　③ 무게　　　　④ 반죽

5 이렇게 어려운 때일수록 우리 모두가 한마음으로 (   ) 합니다.
　① 묶어야　　　② 건너야　　　③ 뭉쳐야　　　④ 기대야

6 새로운 경제 정책에 대한 효과는 기대에 비해 여전히 (   ) 편이다.
　① 간절한　　　② 우울한　　　③ 평범한　　　④ 미미한

7 아무리 공부해도 성적이 오르지 않고 평균을 (   ) 있다.
　① 고르고　　　② 밑돌고　　　③ 흐르고　　　④ 겉돌고

8 그는 큰 잘못을 해 놓고도 전혀 (   ) 기색이 없이 당당하다.
　① 공유하는　　② 관여하는　　③ 반성하는　　④ 요구하는

※ [9~12] 다음 밑줄 친 부분과 의미가 가장 비슷한 것을 고르십시오.

9 그의 소설은 인간의 심리 상태를 <u>세밀하게</u> 관찰하여 표현하고 있다.

① 미세하게　　② 투명하게　　③ 정확하게　　④ 확실하게

10 신뢰와 합리적인 제도를 <u>밑바탕</u>으로 하여 노사 간의 갈등을 줄여야 한다.

① 노선　　② 기본　　③ 대응　　④ 간격

11 여러 가지로 <u>미흡한</u> 제게 이런 중요한 일을 맡겨 주셔서 감사합니다.

① 심각한　　② 부족한　　③ 가난한　　④ 단순한

12 음식이 <u>아직</u> 준비도 되지 않았는데 갑자기 손님이 몰려왔다.

① 결코　　② 굳이　　③ 제법　　④ 미처

※ [13~15] 다음 (　　　　)에 공통으로 들어갈 단어를 고르십시오.

13
이삿짐이 떨어지지 않도록 끈으로 단단히 (　　　　).
이 옷은 리본을 어떻게 (　　　　)에 따라 느낌이 달라진다.
사무실에만 (　　　　) 둔다고 해서 일을 열심히 하는 것은 아니다.

① 묶다　　② 감다　　③ 잡다　　④ 매다

14
바다 밑에는 엄청난 천연자원이 (　　　　) 있다.
언제까지 이런 시골구석에 (　　　　) 살아야 하는지 모르겠다.
세상이 온통 어둠에 (　　　　) 있는데 이상하게 잠이 오지 않는다.

① 숨기다　　② 싸이다　　③ 묻히다　　④ 박히다

15
수많은 인파에 (　　　　) 바닥으로 넘어지고 말았다.
대기업에 (　　　　) 않으려면 새로운 제품을 계속 개발해야 한다.
차가 너무 많이 (　　　　) 바람에 친구 결혼식에 늦게 도착했다.

① 막히다　　② 쫓기다　　③ 잡히다　　④ 밀리다

번식(繁殖)
명

propagation, reproduction / 繁殖 / 繁殖
온도와 습도가 높을수록 세균이 번식하기 쉽다.

기출 회차 25, 22회

범인(犯人)
명

criminal, suspect / 犯人 / 犯人
경찰은 사건이 발생한 지 이틀 만에 범인을 잡았다.

기출 회차 27, 26, 21회

범죄(犯罪)
명

crime, (criminal) offense / 犯罪 / 犯罪
최근 들어 생활비를 마련하기 위한 생계형 범죄가 증가하고 있다.

범죄자 criminal, offender / 犯罪者 / 罪犯
피해자의 가족들은 범죄자의 신상 정보 공개를 요청했다.

기출 회차 27, 25, 24, 23, 21회

범행(犯行)
명

crime, criminal act / 犯行 / 罪行
범인의 집에서 범행에 사용된 칼이 발견되었다.

기출 회차 27, 26, 21회

법률(法律)
명

law, act / 法律 / 法律
가난한 사람들을 위해 무료로 법률 상담을 해 주는 곳이 있다.

기출 회차 27, 21회

법정(法廷·法庭)
명

court (of law), law court / 法廷 / 法庭
그는 법정에서 자신의 무죄를 강력히 주장했다.

기출 회차 26, 22, 21회

벽화(壁畵)
명

mural / 壁画 / 壁画
학생들이 학교의 벽면에 벽화를 그리고 있다.
기출 회차 28, 24회

변동(變動)
명

change, fluctuation / 変動 / 变动
태풍으로 인해 채소 가격의 변동이 심한 편이다.
기출 회차 26, 21회

변수(變數)
명

variable / 変数 / 变数
20대의 투표율이 이번 선거에서 중요한 변수가 될 것이다.
기출 회차 23, 22회

변질(變質)
명

deterioration, decomposition / 変質 / 变质
여름철에는 음식이 변질되기 쉽다.
기출 회차 28, 21회

변천(變遷)
명

change, transition / 変遷 / 变迁
이번 전시회에서는 휴대 전화의 변천 과정을 볼 수 있다.
기출 회차 26, 23, 21회

변형(變形)
명

modification, transformation / 変形 / 变形
이 소파는 침대로 변형이 가능하다.
기출 회차 27, 24회

별개(別個) 명

differentness / 別個 / 両回事
학교 교육과 가정 교육을 별개로 생각해서는 안 된다.
기출 회차 28, 25, 22회

별도(別途) 명

extra, special, separately / 別途 / 另外
요리를 배우려면 수강료 외에 재료비를 별도로 내야 한다.
기출 회차 28, 27, 23회

별반(別般) 부

particular(ly) / とりわけ、特に / 不怎么
휴가이지만 평소와 별반 다르지 않은 시간을 보내고 있다.
기출 회차 26, 22회

병균(病菌) 명

pathogenic bacterium / 病菌 / 病菌
손을 자주 씻지 않으면 병균을 옮기기 쉽다.
기출 회차 25회

병행하다(竝行--) 동

go abreast, run parallel (with) / 並行する / 并行
공부와 일을 병행하기는 쉽지 않은 것 같다.
기출 회차 23, 21회

보류(保留)
 명

suspension, pending / 保留 / 保留
그 문제는 다음 주까지 보류를 하기로 한다.

보류되다　to be postponed / 保留される / 搁置
새로운 프로그램을 개발하려는 계획이 보류되었다.

기출 회차　27회

보완하다(補完--)
 동

to supplement / 補完する / 弥补
키가 작아 보이는 단점을 보완할 수 있는 옷을 골랐다.

기출 회차　28, 25, 23, 22, 21회

보충하다(補充--)
 동

to make up for / 補充する / 补充
학교 공부를 보충하기 위해 따로 학원에 다니는 학생들이 많다.

기출 회차　26, 22회

보편(普遍)
명

universal, general / 普遍 / 普遍
그 영화는 누구나 좋아할 만한 보편적인 이야기를 다루고 있다.

보편성　universality / 普遍性 / 普遍性
한류는 보편성과 특수성을 모두 가지고 있다고 할 수 있다.

보편화　universalization, generalization / 普遍化 / 普遍化
카드 사용의 보편화에 따라 해외 사용액도 증가하였다.

보편화되다　to universalize / 普遍化される / 普及
여행 일정을 직접 결정하는 자유 여행이 보편화되고 있다.

기출 회차　26, 25, 23, 22, 21회

ㅂ

보험(保險)
명

insurance, assurance / 保險 / 保险
차를 사면 자동차 보험을 들어야 한다.

보험금　insurance benefit / 保險金 / 保险金
범인은 보험금을 타기 위해 일부러 사고를 냈다고 말했다.

보험료　insurance premium / 保險料 / 保险费
다음 달부터 보험료가 크게 오를 전망이다.

보험사　insurance company / 保險会社 / 保险公司
가입자 감소로 인해 보험사들이 운영에 큰 어려움을 겪고 있다.

보험업계　insurance industry / 保險業界 / 保险行业
보험업계에 따르면 올해 계약자 수는 작년의 절반 수준이라고 한다.

기출 회차　28, 27, 25, 24회

복구(復舊)
명

restoration / 復旧 / 修复
화재가 난 건물 복구에 200억 원이 들었다.

복구공사　restoration work / 復旧工事 / 修复工程
태풍 피해 지역의 복구공사가 어제부터 시작되었다.

복구하다　to restore / 復旧する / 修复
컴퓨터에 문제가 생겼지만 다행히 자료를 복구할 수 있었다.

기출 회차　27, 23, 21회

복도(複道)
명

hall(way), passage(way) / 廊下 / 走廊
복도 끝으로 가면 계단이 있다.

기출 회차　26, 24회

복원(復元)
명

restoration / 復元 / 复原
벽화의 복원을 위해 많은 사람들이 노력했지만 결국 실패했다.

기출 회차　28, 27회

복장(服裝)
명

dress, clothes, costume / 服裝 / 服装
너무 화려한 옷은 교사의 복장으로 적절하지 않다.

기출 회차 23회

복제하다(複製--)
동

to copy, to reproduce / 複製する / 复制
머지않아 인간을 복제하는 일도 가능하게 될지 모른다.

기출 회차 23, 21회

복지(福祉)
명

welfare / 福祉 / 福利
정부는 사회 복지를 위해 세금을 더 거두기로 했다.

기출 회차 25, 24, 23, 21회

※ [1~9] 다음 (   )에 알맞은 것을 고르십시오.

1 교통사고가 났지만 (   )에 가입한 덕분에 치료비 부담을 덜게 되었다.

① 병원　　　　② 보험　　　　③ 대책　　　　④ 은행

2 올해 대학별 신입생 선발 과정에서 언어 영역의 점수가 (   )로 작용한 것으로 나타났다.

① 수치　　　　② 평가　　　　③ 실패　　　　④ 변수

3 동물원의 역할 중 하나는 멸종 위기의 동물 (   )을 돕는 것이다.

① 성장　　　　② 발전　　　　③ 번식　　　　④ 의존

4 아동을 대상으로 하는 (   )에 대해 처벌을 강화해 달라는 목소리가 높다.

① 범죄　　　　② 사실　　　　③ 견해　　　　④ 사고

5 자유와 평등은 선택이 아니라 모든 인간이 누려야 할 (   ) 가치이다.

① 효과적　　　② 직접적　　　③ 보편적　　　④ 공개적

6 새로운 수술법은 회복이 느리다는 기존 수술의 문제점을 (   ).

① 보완했다　　② 동조했다　　③ 확대했다　　④ 발견했다

7 육아와 사회 활동을 (   ) 것에 부담을 느껴 출산을 미루는 직장 여성들이 증가하고 있다.

① 공유하는　　② 병행하는　　③ 시도하는　　④ 공감하는

8 미술관에서는 작품을 보호하기 위해 (　　　　　) 그림을 전시할 예정이다.

① 관측한　　　　② 게시한　　　　③ 반복한　　　　④ 복제한

9 정부가 발표한 물가 안정 대책은 이전의 것과 (　　　　　) 다르지 않다.

① 온통　　　　② 별반　　　　③ 도무지　　　　④ 오히려

※ [10~15] 다음 밑줄 친 부분과 의미가 가장 비슷한 것을 고르십시오.

10 <u>상한</u> 음식을 먹는 바람에 배탈이 나고 말았다.

① 민감한　　　　② 강화된　　　　③ 변질된　　　　④ 과다한

11 전쟁으로 폐허가 된 도시를 예전처럼 <u>되돌리려면</u> 몇 년은 걸릴 것이다.

① 감안하려면　　　　② 해결하려면　　　　③ 대신하려면　　　　④ 복구하려면

12 계속되는 불황으로 인해 신제품 출시를 내년으로 <u>연기했다</u>.

① 이동했다　　　　② 보류했다　　　　③ 마련했다　　　　④ 거부했다

13 컴퓨터가 점점 진화되어 온 <u>변천</u> 과정을 살펴보면 매우 흥미롭다.

① 반성　　　　② 변호　　　　③ 변화　　　　④ 반박

14 부모님께서는 내 유학 자금 마련을 위해 <u>별도로</u> 적금을 들어 놓으셨다.

① 따로　　　　② 끝내　　　　③ 몰래　　　　④ 다만

15 최근에는 유전자 <u>변형</u>을 하지 않은 콩으로 만든 두부를 찾아보기 어렵다.

① 기획　　　　② 조작　　　　③ 대응　　　　④ 가공

본격적 (本格的)

genuine style, full-scale / 本格的 / 正式
올해는 장마가 6월 말부터 본격적으로 시작될 것이라고 한다.
그 가수는 본격적 활동에 앞서 방송에 출연하여 홍보를 시작했다.

기출 회차　26, 24, 22, 21회

본래 (本來)
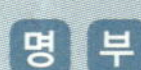

origin / 本来 / 本来
내 고향은 계속되는 개발로 본래의 모습이 거의 남아 있지 않다.

originally, primarily / 本来 / 本来
그는 본래 말이 적은 사람이었는데 요즘은 많이 달라졌다.

기출 회차　28, 27, 26, 23, 21회

본질 (本質)

essence, essentials / 本質 / 本质
문제의 본질은 우리가 원하는 것이 다르다는 데에 있다.

기출 회차　28, 25, 22회

부각 (浮刻)

stand out, be magnified / 浮き彫り / 塑造
이번 광고는 제품의 이미지 부각에 효과적이었다는 평가를 받았다.

부각되다　to stand out, to be magnified / 浮彫りになる / 凸显
노인 문제가 사회의 새로운 문제로 부각되고 있다.

기출 회차　27, 26회

부과하다 (附課--)

to impose, to levy / 賦課する / 课金
경찰은 음주 운전자에게 벌금 10만 원을 부과했다.

기출 회차　27, 24회

부리다
동

to make (a pig of) / (欲を)張る、行使する / 驱使
아이는 배가 부른데도 음식을 더 먹겠다고 욕심을 부렸다.

기출 회차 28, 26, 22, 21회

부문(部門)
명

field, sector / 部門 / 部门
내년에는 전자 부문에서 신입 사원을 더 많이 뽑을 예정이다.

기출 회차 27, 22회

부서지다
동

to be broken, to be smashed / 砕ける / 碎
꽃병이 식탁에서 떨어져 여러 조각으로 부서졌다.

기출 회차 26, 25회

부여(附與)
명

authorization / 与える / 赋予
이번 우승으로 다음 대회의 참가 자격을 부여 받았다.

부여되다 to be granted / 付与される / 下达
중요한 업무가 부여되어 직원들이 모두 바빠졌다.

부여하다 to give, to grant / 付与する / 赋予
사장은 회의 내용 보고에 특별한 의미를 부여하지 않았다.

기출 회차 28, 26, 23, 21회

부위(部位)
명

part, region / 部位 / 部位
다친 부위를 빨리 치료하지 않아 상태가 나빠졌다.

기출 회차 28, 22회

<table>
<tr><td>

부쩍

</td><td>

remarkably / めっきり / 猛然
일 년 사이에 조카는 키가 부쩍 자라 있었다.

기출 회차　25, 21회

</td></tr>
<tr><td>

부추기다
동

</td><td>

to encourage, to incite / けしかける / 煽动
신용카드 회사는 고객들이 돈을 많이 쓰도록 부추기는 경향이 있다.

기출 회차　28회

</td></tr>
<tr><td>

부풀다
동

</td><td>

1. to inflate / 膨らむ / 鼓起
바람을 넣자 풍선이 천천히 부풀기 시작했다.

2. to look forward to / 膨らむ / 充满
내년에 대학생이 되는 동생은 벌써부터 꿈에 부풀어 있다.

3. to swell up / 腫れる / 肿胀
모기에 물린 곳이 빨갛게 부풀어 올랐다.

부풀리다　to overstate / 膨らませる / 夸张
연구 성과를 실제보다 부풀려 발표한 것이 문제가 되었다.

기출 회차　28, 25회

</td></tr>
<tr><td>

부품(部品)

</td><td>

part, component / 部品 / 部件
오래된 제품은 고장이 났을 때 부품을 구하기 힘들다.

기출 회차　28, 23, 22, 21회

</td></tr>
<tr><td>

부합하다(符合--)

</td><td>

to meet, to accord with / 符合する / 符合
두 나라의 이익에 부합할 수 있는 방법을 찾아야 한다.

기출 회차　28, 25회

</td></tr>
</table>

분량(分量)
명

amount, quantity / 分量 / 分量
이 일은 혼자서 하기에는 분량이 많으니까 나눠서 하는 것이 좋겠다.

기출 회차 25, 24회

분배(分配)
명

distribution, division / 分配 / 分配
회사의 상반기 이익 분배에 관한 회의가 열렸다.

기출 회차 24, 23회

분분하다(紛紛--)
형

to be divergent, to be different / まちまちだ / 紛紛
쓰레기 처리장 설치에 대해 주민들의 의견이 분분하다,

기출 회차 23, 22회

분비(分泌)
명

secretion / 分泌 / 分泌
눈물 분비가 잘 되지 않아 눈이 자주 피곤하다.

분비되다　to be secreted / 分泌される / 滲出
음식을 먹을 때 침이 분비되어 소화를 도와준다.

분비하다　to secrete / 分泌する / 排(汗)
사람의 몸은 체온조절을 위해 땀을 분비한다.

기출 회차 28, 25, 23회

분쟁(紛爭)
명

to dispute, to conflict / 紛争 / 纠纷
두 나라 사이의 분쟁은 10여 년 동안 계속되고 있다.

기출 회차 23회

분해하다(分解--)
동

to disassemble, to dismantle / 分解する / 分解
컴퓨터를 분해하는 데에 오랜 시간이 걸렸다.
기출 회차 27, 26회

불가피하다 (不可避--)
형

to be inevitable, to be unavoidable / 避けられない / 难免
비슷한 제품을 파는 가게가 많아 경쟁이 불가피하다.
기출 회차 27, 25, 23, 22회

불거지다
동

to be raised, to become an (issue) / あらわになる / 突发
경제가 나빠지자 여기저기에서 문제가 불거졌다.
기출 회차 21, 22회

불공정하다 (不公正--)
형

to be unfair, to be unjust / 不公正だ / 不公正
두 회사 간에 불공정한 거래가 있었음이 밝혀졌다.
기출 회차 23, 21회

불과(不過)
부

only, merely / 僅か / 只不过
학교에서 집까지는 불과 5분 거리이다.
기출 회차 25, 23회

불러일으키다
동

to cause, to arouse / 呼び起こす / 引起
그 배우의 솔직한 말이 사람들에게 감동을 불러일으켰다.
기출 회차 27, 25, 24회

불리다
동

1. to be sung / 歌われる / (被)唱
요즘 많이 불리는 노래인데 제목을 모르겠다.

2. to be called, to be named / 呼ばれる / 被叫
인터넷은 정보의 바다라고 불린다.

기출 회차 27, 26, 23회

불안정하다
(不安定--)
형

to be unstable, to be insecure / 不安定だ / 不稳定
불안정한 직업을 가진 사람들은 생활에 어려움이 많다.

기출 회차 23회

불어오다
동

to blow (in) (from) / 吹いてくる / 吹
오늘은 바다에서 불어오는 바람이 아주 거세다.

기출 회차 28, 21회

ㅂ

※ [1~9] 다음 (   )에 알맞은 것을 고르십시오.

1 형제끼리 재산 (   ) 문제로 다투다가 법정까지 가게 되었다.
① 분배　　　　　② 신청　　　　　③ 인상　　　　　④ 개편

2 문제의 (   )을 파악하지 못하면 해결 방법을 찾을 수 없다.
① 결실　　　　　② 논쟁　　　　　③ 본질　　　　　④ 갈등

3 그녀는 교통사고 후에 (   )의 모습을 잃어버렸다.
① 자체　　　　　② 본래　　　　　③ 순간　　　　　④ 일반

4 회사에 사표를 낸 후 (   )으로 사업을 시작할 생각이다.
① 객관적　　　　② 결정적　　　　③ 본격적　　　　④ 보편적

5 정부는 하반기부터 고소득자들에게 더 많은 세금을 (   ) 했다.
① 병행하기로　　② 간섭하기로　　③ 동반하기로　　④ 부과하기로

6 교수님은 학생들에게 방학 동안 해야 할 새로운 과제를 (   ).
① 부여했다　　　② 양보했다　　　③ 시도했다　　　④ 개설했다

7 친구들의 싸움을 말리지 않고 오히려 (   ) 잘못이 더 크다.
① 서두른　　　　② 자랑한　　　　③ 터뜨린　　　　④ 부추긴

8 예년보다 길어진 장마로 인해 산지의 채소 가격이 (   ).
① 불가능하다　　② 불안정하다　　③ 불공정하다　　④ 불가피하다

9 형은 오랫동안 사귀었던 애인과 헤어지고 나서 (   ) 말수가 적어졌다.
① 부쩍　　　　　② 따로　　　　　③ 온통　　　　　④ 단지

※ [10~13] 다음 밑줄 친 부분과 의미가 가장 비슷한 것을 고르십시오.

10 그녀는 이번 대회에서 새로운 우승 후보로 <u>떠올랐다</u>.
① 매료되었다　　② 강화되었다　　③ 노출되었다　　④ 부각되었다

11 아버지의 사업 실패로 대학에 가려던 희망이 <u>깨졌다</u>.
① 거세졌다　　② 부서졌다　　③ 뒤쳐졌다　　④ 달라졌다

12 이제부터 원래의 목적에 <u>맞는</u> 행사로 다시 시작해야 한다.
① 부합하는　　② 기여하는　　③ 납득하는　　④ 동조하는

13 음식을 먹으면 위에서 소화액이 <u>나온다</u>.
① 달성된다　　② 가공된다　　③ 분비된다　　④ 진행된다

※ [14~15] 다음 (　　　　)에 공통적으로 들어갈 단어를 고르십시오.

14
오랜만에 멋을 (　　　) 외출했다.
말썽을 (　　　) 무조건 혼내면 안 된다.
아이는 엄마를 따라가겠다고 고집을 (　　　).

① 내다　　② 부리다　　③ 피우다　　④ 일으키다

15
오븐에서 빵이 조금씩 (　　　) 올랐다.
바람을 불자 풍선이 천천히 (　　　) 올랐다.
오랜만에 해외여행을 가게 되어 기대에 (　　　) 있다.

① 붓다　　② 차다　　③ 넘치다　　④ 부풀다

불합리하다
(不合理--)
형

to be unreasonable / 不合理だ / 不合理
필요하지 않은 서류를 요구하는 것은 불합리한 일이다.

기출 회차 25, 21회

붓다
동

to pour / 注ぐ / 倒
이 음식은 뜨거운 물을 붓고 3분 후에 먹으면 된다.

기출 회차 25, 24회

붙잡다
동

to hold on, to cling on / つかむ / 干(活儿)
일주일 넘게 일을 붙잡고 있었지만 끝내지 못했다.

기출 회차 28, 27, 22, 21회

비난(非難)
명

criticism, condemnation / 非難 / 指责
위험에 빠진 사람을 도와주지 않아서 비난을 받았다.

기출 회차 24, 23, 22회

비례하다(比例--)
동

to be proportional to / 比例する / 比例
수입에 비례하여 지출을 계획하는 것이 바람직하다.

기출 회차 26, 23, 21회

비로소
부

for the first time, at last / 始めて / 才
친구가 고향에 잘 도착했다는 소식을 듣고 비로소 안심했다.

기출 회차 26, 24, 23, 22, 21회

비만(肥滿)
명

obesity / 肥満 / 肥胖
비만은 여러 가지 질병의 원인이 된다.

기출 회차 28, 22회

비명(悲鳴)
명

scream, shriek / 悲鳴 / 惨叫
한밤중에 누군가의 비명 소리를 들었다.

기출 회차 25, 24회

비비다
동

1. to rub, to grate / 擦る / 搓
추위를 녹이려고 손을 비볐다.

2. to mix / かき混ぜる / 搅拌
비빔밥은 밥에 나물과 고추장을 넣고 비벼서 먹는 음식이다.

3. to squeeze in / 割り込む / 挤(身)
지하철에 사람이 많아서 비비고 들어갈 수가 없다.

기출 회차 26, 25회

비정규직(非正規職)
명

temporary employee, non-regular worker / 非正規職 / 非常規職
비정규직 사원들은 미래에 대한 걱정에 불안할 수밖에 없다.

기출 회차 28, 25, 21회

비참하다(悲慘--)
형

to be miserable, to be dismal / 悲慘だ / 悲慘
세계 곳곳에는 아직도 먹을 것이 없어 비참하게 사는 사람들이 많다.

기출 회차 28, 22회

비평(批評)
명

criticism / 批評 / 评论
책을 구입하기 전에 비평을 읽으면 도움이 된다.

비평가　criticizer, reviewer / 批評家 / 批评家
비평가들은 그 작품을 인정하지 않았다.

비평하다　to criticize / 批評する / 批评
다른 사람의 글을 비평하는 것은 쉽지만 직접 쓰는 것은 어렵다.

기출 회차　28, 24, 22회

비하다(比--)
동

to compare / 比べる / 相比
실제 모습에 비해 사진이 잘 나왔다.

기출 회차　28회

빈번하다(頻繁--)
형

to be frequent / 頻繁だ / 頻繁
이 길은 교통사고가 빈번하게 발생하는 곳이다.

기출 회차　25, 23회

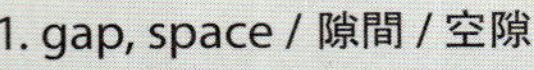

빈틈
명

1. gap, space / 隙間 / 空隙
버스에 사람이 많아서 들어갈 만한 빈틈이 없다.

2. void / 隙 / 漏洞
박 과장은 자기 관리에 철저해서 남에게 빈틈을 보이지 않는다.

기출 회차　28, 24회

빠져나가다
동

to get out, to escape / 脱出する / 逃脱
불이 나자 사람들은 급히 건물을 빠져나갔다.

기출 회차　26, 24, 22회

빠져들다

동

1. to sink into / 落ちる / 入(睡)
어제는 침대에 눕자마자 깊은 잠에 빠져들었다.

2. to fall into / はまる / 陷入
컴퓨터 게임에 빠져들면 가상의 세계를 현실로 생각하기도 한다.

3. to be lost in / 見とれる / 陷入
영화를 보는 동안 아름다운 영상에 빠져들었다.

기출 회차 26, 23, 21회

빠짐없이

부

without an exception / 漏れなく / 全部
내일 회의에는 한 사람도 빠짐없이 참석해 주십시오.

기출 회차 27, 23회

빨리다

동

to be sucked into / 吸い込まれる / 吸入
청소기 안으로 먼지가 빨려 들어간다.

기출 회차 25, 21회

빼내다

동

to pick out, to take out / 抜き取る / 抽出
책장에서 책을 빼내어 책상 위에 두었다.

기출 회차 26, 22, 21회

빼앗다
동

to steal, to rob / 奪う / 抢
고등학생이 초등학생들의 돈을 빼앗았다.

빼앗기다　to be deprived of / 奪われる / 被抢
아이는 형에게 과자를 빼앗기자 큰 소리로 울었다.

기출 회차 28, 27, 24, 23회

뻗다
동

to reach, to stretch (out) / 伸ばす / 伸展
오래 서 있었더니 다리가 아파서 방바닥에 다리를 뻗고 앉았다.

기출 회차 28, 25, 24, 23회

뾰족하다
형

to be sharp, to be pointed / 尖る / 尖锐
이 건물은 지붕이 뾰족해서 이국적인 분위기를 풍긴다.

기출 회차 25, 23회

뿌리
명

root / 根 / 根
태풍에 나무가 쓰러져 뿌리가 땅 위로 드러났다.

기출 회차 26, 25, 24, 23회

뿜다
동

to discharge, to emit / 吐く / 喷出
이 차는 너무 오래되어서 움직일 때마다 검은 연기를 뿜는다.

기출 회차 25, 24회

사고(思考)
명

thinking, thought / 思考 / 思考
그 아이는 사고 능력이 다른 아이들에 비해 떨어진다.

사고력　thinking skills / 思考力 / 思考能力
독서는 사고력을 키우는 데에 도움이 된다.

사고방식　way of thinking / 考え方 / 思考方式
사고방식이 다르면 의사소통에 문제가 생길 수 있다.

사고하다　to think / 思考する / 思考
경험하지 않았지만 사고해서 알 수 있는 것도 있다.

기출 회차 28, 25, 21회

사과하다(謝過--)

동

to apologize, to make an apology / 謝る / 道歉
잘못을 했을 때는 바로 사과하는 것이 좋다.
기출 회차 25, 21회

사냥
명

hunting, hunt / 狩猟 / 打猎
이 산은 사냥이 금지되어 있다.
기출 회차 28, 24회

※ [1~10] 다음 (   )에 알맞은 것을 고르십시오.

1 이 대리는 일을 맡으면 (   )이 없이 처리해서 걱정이 없다.
① 책임　　　　② 빈틈　　　　③ 발전　　　　④ 비용

2 최근 들어 일기예보가 자주 틀리자 기상청에 (   )이 쏟아졌다.
① 논쟁　　　　② 분쟁　　　　③ 비평　　　　④ 비난

3 세계 각지에서는 아직도 전쟁으로 많은 사람들이 (   ) 죽어가고 있다.
① 마땅하게　　② 거만하게　　③ 간절하게　　④ 비참하게

4 새로 출시된 제품은 기존 제품에 (   ) 품질이 우수하다는 평을 받았다.
① 비해　　　　② 대해　　　　③ 관해　　　　④ 통해

5 회사의 중요한 정보를 (   ) 경쟁사에게 넘긴 직원이 붙잡혔다.
① 눌러　　　　② 가려　　　　③ 빼내어　　　　④ 다하여

6 기업들은 국내 시장에서 쌓은 기술력을 바탕으로 세계로 (   ) 나가고 있다.
① 실려　　　　② 뻗어　　　　③ 감아　　　　④ 돌아

7 경찰은 이번 사건을 해결하지 못한 것을 국민들에게 (   ).
① 보충했다　　② 실망했다　　③ 입증했다　　④ 사과했다

8 사업 실패로 채권자들에게 (   ) 집을 이제야 다시 찾게 되었다.
① 되살렸던　　② 서둘렀던　　③ 빼앗겼던　　④ 떠올렸던

9 중요한 안건을 다룰 예정이므로 한 사람도 (   ) 회의에 참석해야 한다.
① 틀림없이　　② 끊임없이　　③ 다름없이　　④ 빠짐없이

10 결혼하고 자식을 키우면서 (   ) 부모님의 마음을 이해하게 되었다.

① 도무지   ② 비로소   ③ 일부러   ④ 도저히

11 터널을 <u>벗어나서</u> 창문을 열자 시원한 공기가 차 안으로 들어왔다.

① 들어서서   ② 가려내서   ③ 되돌아가서   ④ 빠져나가서

12 최근 이 지역 아파트 단지에서 빈집을 노린 범죄가 <u>자주</u> 발생하고 있다.

① 다양하게   ② 익숙하게   ③ 빈번하게   ④ 불안하게

13

깊은 잠에 (   ) 전화벨 소리도 듣지 못했다.
처음 만난 그 사람의 매력적인 모습에 (   ).
좋지 않은 생각에 한번 (   ) 벗어나기 어렵다.

① 빠져들다   ② 가라앉다   ③ 뛰어들다   ④ 넘어가다

14

추워서 손을 (   ) 버스를 기다렸다.
남은 반찬을 모두 (   ) 저녁으로 먹었다.
사람이 너무 많아 (   ) 들어갈 수가 없다.

① 더하다   ② 비비다   ③ 모으다   ④ 빼내다

15

어제 밤늦게 음식을 먹었더니 얼굴이 (   ).
매달 10만 원씩 은행에 적금을 (   ) 있다.
냄비에 물을 (   ) 후에 고기와 야채를 넣었다.

① 넣다   ② 붓다   ③ 들다   ④ 익다

사로잡다
동

1. to capture, to captivate / 捕らえる / 吸引
기업은 고객의 마음을 사로잡는 제품을 만들기 위해 노력한다.

2. to capture / 捕まえる / 抓住
사냥을 나갔다가 토끼를 사로잡았다.

사로잡히다 to be obsessed / 捕らわれる / 专注
다른 생각에 사로잡혀 수업에 집중할 수 없었다.

기출 회차 28, 24, 23, 22, 21회

사상(思想)
명

thought, idea / 思想 / 思想
이 책을 읽으면 정치에 대한 작가의 사상을 알 수 있다.

기출 회차 28, 26, 25회

사생활(私生活)
명

privacy, private life / 私生活 / 私生活
다른 사람의 사생활에 지나치게 관심을 갖는 것은 좋지 않다.

기출 회차 26, 25, 23회

사업자(事業者)
명

licensee, businessman / 事業者 / 经营者
사업을 하려면 사업자 등록을 해야 한다.

사업성 have business value / 事業性 / 可行性
사업성이 떨어지는 제품의 생산을 중단하기로 했다.

기출 회차 25, 23, 22회

사전(事前)
명

advance, beforehand / 事前 / 提前
여행할 곳의 정보를 사전에 알고 가면 도움이 된다.

기출 회차 28, 26, 25, 23, 21회

사전적 (辭典的)
명 관

lexically / 辞典的 / 词典上的(意思)
단어가 사전적인 의미와 다르게 사용되는 경우도 있다.
기출 회차 23, 22회

사태 (事態)
명

situation, state (of affairs) / 事態 / 局势
사건이 발생했을 때 범인을 잡지 못해 사태가 악화되었다.
기출 회차 25, 24회

산림 (山林)
명

forest / 山林 / 山林
홍수를 막기 위해서는 산림을 보호해야 한다.
기출 회차 24, 22회

살금살금
부

stealthily, quietly / こっそり / 悄悄地
고양이가 쥐를 잡으려고 살금살금 다가갔다.
기출 회차 25, 23회

살짝
부

slightly / そっと / 微微
살짝 밀었을 뿐인데 친구가 넘어져서 깜짝 놀랐다.
기출 회차 26, 23, 22회

삼다
동

1. to make / (問題に)する / 当成
오래 전에 한 실수를 지금에 와서 문제 삼을 필요는 없다.

2. to make / (友達に)する / 当作
혼자 집에 있을 때에는 강아지를 친구 삼아 지낸다.

3. to make / 迎える / 娶
친구의 딸을 며느리로 삼게 되었다.

기출 회차 25, 24, 22회

상가(商街)
명

shopping district, shopping mall / 商店街 / 商街
집 근처 상가에는 슈퍼마켓이 없어서 장을 보기가 불편하다.

기출 회차 25, 22회

상공(上空)
명

sky / 上空 / 上空
비행기 한 대가 서쪽 상공을 향해 날아가고 있다.

기출 회차 27, 22회

상당수(相當數)
명

considerable[significant] number / 相当数 / 大多数
우리 반 학생들 중 상당수가 안경을 쓰고 있다.

기출 회차 28회

상당하다(相當--)
형 동

1. to be considerable / 相当、かなり / 相当大
우리 둘 사이에는 상당한 의견 차이가 있다.

2. to be quite / なかなかだ / 相当好
그 배우는 연기뿐만 아니라 노래 실력도 상당한 수준이다.

3. to be equivalent to / 相当する / 相当于
할아버지께서 주신 그림은 3백만 원에 상당하는 가치가 있었다.

기출 회차 23, 21회

상반되다(相反--)

to run counter, to conflict (with) / 相反する / 相反
우리 부부는 상반된 성격이지만 싸운 적이 없다.

기출 회차 25회

상사(上司)
명

superior, boss / 上司 / 上级
회사 생활을 잘 하려면 직장 상사와 잘 지낼 필요가 있다.

기출 회차 25, 21회

상업적(商業的)
명 관

commercial / 商業的 / 商业方面
영화를 잘 만들었어도 상업적으로 실패하는 경우가 많다.
대중문화는 최근 들어 상업적 성격이 강해지고 있다.

기출 회차 25, 23, 21회

상이하다(相異--)
형

to be different / 相違する / 相异
똑같은 조건에서 실험했지만 상이한 결과가 나왔다.

기출 회차 23회

상징(象徵)

symbol / 象徵 / 象征
흰 비둘기는 평화의 상징이다.

상징물　symbolic icon, symbolized object / 象徵物 / 象征物
올림픽을 개최하는 나라마다 다양한 동물을 상징물로 사용한다.

상징성　symbolism / 象徵性 / 象征性
도시마다 상징성을 가진 건물이 있다.

상징하다　to symbolize, to stand for / 象徵する / 象征
조선 시대에 왕을 상징하는 것은 태양이었다.

기출 회차 27, 26, 25, 23, 22회

상체(上體) 명

upper body / 上体 / 上身
상체를 구부려 바닥에 떨어진 연필을 주웠다.

기출 회차 27, 23회

새기다 동

1. to carve / 彫る / 刻
옛날 사람들은 바위에 여러 가지 그림과 글씨를 새겼다.

2. to engrave / 刻む / 铭记
졸업식에서 선생님이 하신 말씀을 지금도 마음속에 새기고 있다.

기출 회차 26, 22회

새다 동

1. to leak / 漏れる / 漏
비가 많이 내려서 지붕에서 빗물이 샌다.

2. to emerge / 漏れる / 透射
방에 누가 있는지 문틈으로 불빛이 새어 나오고 있다.

3. to escape, to leak out / 漏れる / 泄漏
아무도 말하지 않았는데 비밀이 새고 말았다.

기출 회차 28, 21회

생겨나다 동

to emerge, to open up / 出現する / 产生
사회가 복잡해지면서 새로운 직업들이 많이 생겨났다.

기출 회차 25, 24, 21회

생성(生成)
명

generation / 生成 / 生成
과학자들은 우주의 생성 과정을 끊임없이 연구해 왔다.

생성되다　to create / 生成される / 形成
지구는 약 40억 년 전에 생성되었다고 한다.

생성하다　to generate / 生成する / 生成
바람의 힘을 이용해 전기에너지를 생성할 수 있다.

기출 회차　26, 25, 22회

ㅅ

연습 문제

※ [1~8] 다음 (　　　)에 알맞은 것을 고르십시오.

1 시대를 앞선 그의 (　　　)은 동시대 사람들에게는 인정을 받지 못했다.
　① 능률　　　② 사상　　　③ 독립　　　④ 논쟁

2 태풍으로 비행기가 뜨지 못하자 승객들이 표를 취소하는 (　　　)가 발생했다.
　① 논의　　　② 대처　　　③ 사태　　　④ 방어

3 이 호수는 오래 전 화산 폭발 때문에 (　　　) 것으로 밝혀졌다.
　① 가공된　　　② 분비된　　　③ 고정된　　　④ 생성된

4 빨간색은 피를 (　　　) 색으로 생명이나 젊음을 나타내기도 한다.
　① 상징하는　　　② 기념하는　　　③ 대체하는　　　④ 보완하는

5 대출 금리 인상으로 집값을 내지 못해 집을 파는 사람들이 (　　　).
　① 들어섰다　　　② 생겨났다　　　③ 빠져나갔다　　　④ 넘나들었다

6 이 두 도자기의 형태는 (　　　) 같은 시대에 만들어진 것으로 보인다.
　① 간편하지만　　　② 막대하지만　　　③ 난해하지만　　　④ 상이하지만

7 잠든 사람들이 깰까 봐 (　　　) 걸어서 집 밖으로 나왔다.
　① 꼬박꼬박　　　② 따로따로　　　③ 살금살금　　　④ 깜빡깜빡

8 다친 곳을 (　　　) 건드리기만 해도 몹시 아파서 손을 댈 수가 없다.
　① 살짝　　　② 마치　　　③ 금세　　　④ 부쩍

※ [9~10] 다음 밑줄 친 부분과 의미가 가장 비슷한 것을 고르십시오.

9 이번 연구에서 내가 예상한 것과 <u>반대되는</u> 결과가 나왔다.
　① 거듭되는　　　② 상반되는　　　③ 무산되는　　　④ 보류되는

10 자료를 <u>사전</u>에 준비해 둔 덕분에 회의를 무사히 마칠 수 있었다.

① 얼른　　　　　② 단지　　　　　③ 미리　　　　　④ 가득

※ [11~15] 다음 (　　　　　)에 공통적으로 들어갈 단어를 고르십시오.

11
그림을 그린 후 자신의 이름을 (　　　　) 도장을 찍었다.
아버지가 돌아가실 때에 하신 말씀을 가슴 깊이 (　　　　).
옛날 사람들이 벽에 (　　　　) 그림으로 당시 생활을 알 수 있다.

① 넣다　　　　　② 묻다　　　　　③ 그리다　　　　　④ 새기다

12
가스가 (　　　　) 창문을 모두 열었다.
우리의 계획이 (　　　　) 않도록 조심해야 한다.
사람들이 이야기하는 소리가 밖으로 (　　　　) 나왔다.

① 새다　　　　　② 차다　　　　　③ 빠지다　　　　　④ 들키다

13
작품을 완성하는 데 (　　　　) 기간이 걸렸다.
그 가수는 젊지만 (　　　　) 실력을 가지고 있다.
행사에서 백만 원에 (　　　　) 경품을 나눠 주고 있다.

① 대단하다　　　　　② 상당하다　　　　　③ 충분하다　　　　　④ 적당하다

14
청중들의 마음을 (　　　　) 아름다운 연주였다.
그녀는 남자들을 (　　　　) 뛰어난 미모를 가졌다.
경찰은 범행 현장에서 도망치려는 범인을 (　　　　).

① 넘나들다　　　　　② 알아들다　　　　　③ 사로잡다　　　　　④ 끌어올리다

15
성공을 인생의 목표로 (　　　　) 사람들이 많다.
부모님은 그 남자를 사위로 (　　　　) 싶다고 하셨다.
집에서 쉬는 동안 텔레비전을 친구로 (　　　　) 지냈다.

① 삼다　　　　　② 맞다　　　　　③ 놓다　　　　　④ 맺다

생존(生存) 명

survival / 生存 / 生存
환경오염은 인류의 생존을 위협할 수 있는 문제이다.

생존하다　to survive / 生存する / 生存
지진이 일어난 곳에서 생존한 사람을 발견했다.

기출 회차　28, 26, 25, 24, 23, 22회

서명(署名) 명

signature, autograph / 署名 / 签名
이사할 집을 살펴본 후 계약서에 서명을 했다.

기출 회차　24, 21회

서민(庶民) 명

ordinary person, people / 庶民 / 平民
서민들이 자주 해외여행을 가는 것은 쉽지 않다.

기출 회차　25회

서술하다(敍述--) 동

to describe / 叙述する / 叙述
역사를 서술할 때에는 사실을 바탕으로 해야 한다.

기출 회차　28, 27회

서식지(棲息地) 명

habitat / 棲息地 / 栖息地
도시 개발로 인해 야생 동물의 서식지가 점점 사라지고 있다.

기출 회차　26, 25회

서적(書籍)
명

books, publications / 書籍 / 书籍
최근에는 건강에 관한 서적 판매량이 늘어나고 있다.
기출 회차 25, 24, 21회

석사(碩士)
명

master´s degree / 修士 / 硕士
석사 학위를 받으려면 시험을 본 후 논문을 써야 한다.
기출 회차 27, 21회

선거(選擧)
명

election / 選挙 / 选举
우리나라에서는 대통령 선거를 5년에 한 번 실시하고 있다.
기출 회차 27, 25회

선뜻
부

readily, willingly / 快く / 痛快
그는 평생 모은 돈을 선뜻 가난한 사람들을 위해 내놓았다.
기출 회차 26, 24, 21회

선명하다(鮮明--)
형

1. to be clear / 鮮明だ / 鮮明
글씨가 선명해서 멀리서도 잘 보인다.
2. to be vivid / はっきり / 清楚
10년 전의 일이지만 지금까지 선명하게 기억하고 있다.
기출 회차 28, 27, 26, 25회

선배(先輩)
명

one´s senior / 先輩 / 学兄
새로 들어간 회사의 사장님은 알고 보니 고등학교 선배였다.

기출 회차 27, 25회

선사하다(膳賜--)
동

to present / 贈る / 献给
팬들은 공연이 끝난 후 가수에게 꽃다발을 선사했다.

기출 회차 27, 21회

선언(宣言)
명

announcement, pronouncement / 宣言 / 宣示
혼자 살겠다고 고집하던 누나가 갑자기 결혼 선언을 했다.

기출 회차 27회

선정(選定)
명

selection, choice / 選定 / 选定
합격자 선정 기준을 마련하는 데 오랜 시간이 걸렸다.

선정되다 to be selected / 選定される / 被选为
그는 올해의 우수 사원으로 선정되어 상을 받았다.

기출 회차 28, 26, 24, 22회

선진국(先進國)
명

advanced country, developed country / 先進国 / 先进国
선진국의 교육 제도를 잘 검토하여 도입할 필요가 있다.

기출 회차 27, 26, 25회

선행(先行) 명

precedence, precede / 先行 / 先行
선행 작업이 제대로 되어 있지 않아 공사가 늦어지고 있다.

선행되다 to precede / 先行される / 提前进行
정확한 연구를 하기 위해서 자료 수집이 선행되어야 한다.

기출 회차 28, 26회

설계(設計) 명

plan, map out / 設計 / 设计
청소년기부터 미래에 대한 설계를 해 보는 것이 좋다.

설계도 drawing / 設計図 / 设计图
건물이 설계도대로 지어지지 않아 안전에 문제가 생겼다.

설계하다 to design, to lay out / 設計する / 设计
가족이 살 집을 아버지께서 직접 설계하셨다.

기출 회차 28, 24, 22, 21회

설립하다(設立--) 동

to establish, to set up / 設立する / 成立
정부는 장애인을 위한 특수학교를 설립하기로 했다.

기출 회차 27, 25회

설비(設備) 명

facilities, equipment / 設備 / 设备
공장의 설비가 오래되어 빨리 교체해야 한다.

기출 회차 23회

섬세하다(纖細--) 형

to be delicate, to be exquisite / 纖細だ / 细致
어머니는 주변 사람들에게 섬세하게 신경을 쓰시는 분이다.

기출 회차 26, 21회

人

섬유(纖維) 명

fiber, textile / 纖維 / 纤维
물을 빨리 흡수하여 밖으로 내보내는 기능성 섬유가 개발되었다.
기출 회차 27, 26회

성곽(城郭) 명

castle, fortress / 城郭 / 城郭
도시 주변에는 예전 성곽의 모습이 부분적으로 남아 있다.
기출 회차 27, 21회

성금(誠金) 명

donation, contribution / 寄付金 / 捐款
재난 지역의 주민들에게 보내기 위한 성금을 모았다.
기출 회차 27, 22회

성능(性能) 명

performance / 性能 / 性能
새로 나온 자동차는 주행 성능이 크게 개선되었다.
기출 회차 27, 23회

성숙하다(成熟--) 동

1. to be mature / 成熟する / 成熟
그녀는 외모는 성숙하지만 정신적으로는 어린아이 같다.

2. to be ripe / 成熟する / 成熟
큰 병을 이겨낸 후 그의 예술 세계는 더욱 성숙해졌다.
기출 회차 27, 22회

성실하다(誠實--)
형

to be faithful, to be sincere / 誠実だ / 诚实
그는 숙제를 안 하거나 지각한 적이 없는 성실한 학생이다.
기출 회차 27회

성질(性質)
명

temper, nature / 性質 / 性质
기름은 물 위에 뜨는 성질이 있다.
기출 회차 28, 24회

성향(性向)
명

tendency, inclination / 性向 / 倾向
소비자들의 성향을 고려하여 제품을 개발할 필요가 있다.
기출 회차 24, 23회

세기(世紀)
명

century / 世紀 / 世纪
컴퓨터는 20세기의 중요한 발명품 중 하나이다.
기출 회차 21회

※ [1~11] 다음 (   )에 알맞은 것을 고르십시오.

1 정부는 이번 (   )의 투표율을 높이기 위해 대대적으로 홍보하고 있다.
① 마감　　　　② 계약　　　　③ 선거　　　　④ 논쟁

2 소금은 물에 잘 녹는 (   )을 가지고 있다.
① 성향　　　　② 성질　　　　③ 성별　　　　④ 성분

3 인기 정상에 있던 배우가 갑자기 은퇴 (   )을 해서 관심이 집중되었다.
① 기원　　　　② 논란　　　　③ 다짐　　　　④ 선언

4 두 회사의 대표는 계약서에 (   )을 하고 서류를 교환하였다.
① 서명　　　　② 발행　　　　③ 마감　　　　④ 기획

5 그 지역은 날씨가 따뜻해서 겨울 철새들의 (   )가 되고 있다.
① 휴가지　　　　② 거주지　　　　③ 출생지　　　　④ 서식지

6 이 책은 동양과 서양의 문화 차이에 대해 자세히 (   ) 있다.
① 대처하고　　　　② 서술하고　　　　③ 분해하고　　　　④ 설계하고

7 이 작품은 뛰어난 예술성을 인정받아 최우수상 수상작으로 (   ).
① 강요되었다　　　　② 구비되었다　　　　③ 선정되었다　　　　④ 노출되었다

8 어른이 되어서도 정신적으로는 (   ) 못한 사람들이 종종 있다.
① 감당하지　　　　② 대체하지　　　　③ 반성하지　　　　④ 성숙하지

9 집과 회사밖에 모르고 (   ) 사람이 어쩌다 그런 죄를 지었는지 모르겠다.
① 마땅했던　　　　② 소홀했던　　　　③ 성실했던　　　　④ 충분했던

10 그 영화는 인간의 심리를 (　　　　　) 표현해 내어 관객들의 호평을 받았다.

① 섬세하게　　　　② 급박하게　　　　③ 빈번하게　　　　④ 간절하게

11 친구는 돈을 빌려 달라는 내 부탁을 (　　　　) 들어 주었다.

① 별반　　　　　　② 선뜻　　　　　　③ 주로　　　　　　④ 굳이

※ [12~15] 다음 밑줄 친 부분과 의미가 가장 비슷한 것을 고르십시오.

12 김 대표는 기초과학 분야의 인재 양성을 위해 학교를 <u>세우기로</u> 결심했다.

① 설치하기로　　② 설계하기로　　③ 설립하기로　　④ 설명하기로

13 안타깝게도 며칠 전 비행기 추락 사고에서 <u>살아남은</u> 승객은 한 명도 없었다.

① 대응한　　　　　② 감당한　　　　　③ 변신한　　　　　④ 생존한

14 출판사에서는 매달 새로 나온 <u>서적</u>들을 소개하는 자료를 제작한다.

① 공고　　　　　　② 도서　　　　　　③ 부문　　　　　　④ 기사

15 어렸을 때 바다에 빠졌던 기억이 너무 <u>뚜렷해서</u> 머릿속에서 지워지지 않는다.

① 난해해서　　　② 동일해서　　　③ 거대해서　　　④ 선명해서

세력(勢力)
명

influence, power / 勢力 / 势力
그는 선거에서 떨어진 후 다시 새로운 세력을 모으기 시작했다.

기출 회차 26, 25회

세련되다(洗練--)
형

1. to be refined / 洗練される / 洗练
요즘 새로 짓는 건물은 현대적이고 세련된 디자인이 특징이다.

2. to be sophisticated / 洒落る / 潇洒
어머니께서는 항상 세련된 옷차림을 하고 외출하셨다.

기출 회차 28, 26회

세포(細胞)
명

cell / 細胞 / 细胞
성장이 끝난 인체의 세포 수는 약 60조 개에 이른다고 한다.

기출 회차 28, 25, 22회

소극적(消極的)
명 관

passive, half-hearted / 消極的 / 被动
나는 소극적인 성격이어서 단체 활동에서 대표를 한 적이 없다.
그런 소극적 태도로는 무엇을 해도 성공하기 어려울 것이다.

기출 회차 27, 26회

소득(所得)
명

income / 所得 / 收入
한 달 소득이 100만 원 이하인 가구에는 세금을 일부 면제해 준다.

소득세　income tax / 所得税 / 所得税
소득이 많은 사람은 소득이 적은 사람보다 소득세를 더 내게 된다.

기출 회차 27, 21회

소박하다(素朴--)
형

to be simple / 素朴だ / 朴素
이 그릇은 화려한 무늬나 장식은 없지만 소박한 멋이 있다.
기출 회차　25, 24, 23회

소송(訴訟)
명

lawsuit, (legal) action / 訴訟 / 诉讼
우리 회사와 똑같은 제품을 만든 회사에 대해 판매 금지 소송을 냈다.
기출 회차　23, 22회

소수(小數)
명

minority / 少数 / 少数
다수의 의견이 중요하지만 소수의 의견도 무시하면 안 된다.
기출 회차　25, 24, 23, 22회

소신(所信)
명

belief, conviction / 所信 / 信念
상사의 눈치를 보지 않고 소신 있게 말하기가 쉽지 않다.
기출 회차　28, 24회

소양(素養)
명

knowledge, refinement / 素養 / 素质
전문가가 되려면 기술과 지식 외에 적절한 소양을 갖춰야 한다.
기출 회차　24, 21회

소외(疏外)
명

alienation / 疎外 / 疏远
소외 계층의 아이들에게도 똑같은 교육 기회를 주어야 한다.

소외감　a sense of alienation / 疎外感 / 疏离感
요즘은 서로에게 무관심하다 보니 소외감을 느끼는 사람들이
많다.

소외되다　to be alienated, to be isolated / 疎外される
/ 被疏远
이 작품은 가난하고 소외된 사람들에 대한 이야기이다.

기출 회차 27, 25, 22, 21회

소요(所要)
명

the time required / 所要 / 所需
공사를 하기 전에 소요 시간과 비용을 계산해 봐야 한다.

소요되다　to take, to cost / 所要される / 需要
병으로 잃었던 건강을 회복하는 데 오랜 기간이 소요되었다.

기출 회차 28, 25회

소유(所有)
명

ownership / 所有 / 所拥有
부모님 소유의 건물을 빌려 가게를 운영하려고 한다.

소유하다　to own, to have / 所有する / 拥有
그 사람은 검소하지만 많은 빌딩을 소유하고 있는 부자이다.

기출 회차 27, 21회

소인(消印)
명

postmark, brand / 消印 / 邮印
서류를 보낼 때에는 마감일 소인이 찍힌 것까지 유효합니다.

기출 회차 25, 21회

소정(所定)
명

small / 所定 / 所定
좋은 의견을 내신 분에게는 소정의 상품을 드립니다.
기출 회차 27, 23, 21회

소지[1](素地)
명

to be controversial, to be misleading / 素地 / (誤解的)原因
오해의 소지가 있는 말을 하지 않도록 조심해야 한다.
기출 회차 24, 22회

소지[2](所持)
명

possession / 所持 / 携帯
신용 카드는 현금 소지에 따른 불편을 덜어주지만 위험성도 있다.

소지자　holder, bearer / 所持者 / 持有人
학생증 소지자는 표를 살 때 할인을 받을 수 있다.
기출 회차 27, 21회

소통(疏通)
명

communication / 疏通 / 沟通
정치인은 국민과의 소통이 무엇보다 중요하다.

소통하다　to communicate / 疏通する / 沟通
사회와 소통하지 못하는 사람들에게 도움이 필요하다.
기출 회차 27, 25, 24, 21회

소형(小型)
명

small / 小型 / 小型
휴대가 간편한 소형 컴퓨터가 인기를 끌고 있다.
기출 회차 27, 26, 24회

소홀(疏忽)
명

indifference, negligence / 粗忽 / 疏忽
경찰의 감시 소홀을 틈타 범인이 경찰서를 빠져나갔다.

소홀하다　to neglect / 疎かにする / 疏于(本职)
보는 사람이 없다고 해서 맡은 일에 소홀하면 안 된다.

소홀히　carelessly / 疎かに / 简慢
중요한 손님이 오시니까 준비를 소홀히 하지 않도록 합시다.

기출 회차 26, 24회

속다
동

to be fooled, to be cheated / 騙される / 受骗
그의 거짓말에 속아서 큰돈을 빌려 주고 말았다.

기출 회차 23, 21회

속성(屬性)
명

properties, attribute / 属性 / 属性
권력은 한번 잡으면 놓치고 싶지 않게 만드는 속성이 있다.

기출 회차 27, 23, 22회

속속(續續)
부

one after another, one after the other / 続々と / 陆续
회의 시작 시간이 다가오자 사람들이 속속 도착하고 있다.

기출 회차 24, 23, 21회

속하다(屬--)
동

to belong to, to be affiliated / 属する / 属于
집을 소유하고 있는 사람들은 스스로 중산층에 속한다고 생각한다.

기출 회차 24, 22회

손상(損傷) 명

1. impairment / 損傷 / 损伤
교통사고로 머리에 손상을 입어 급히 수술을 받았다.

2. damage / 損傷 / 受损
그림의 손상을 막기 위해 특수 처리를 했다.

기출 회차 26, 23, 22, 21회

손실(損失) 명

loss / 損失 / 损失
태풍으로 인한 경제적 손실이 클 것으로 예상된다.

기출 회차 28, 26회

손해(損害) 명

damage, loss / 損害 / 损害
그 사람은 계산이 빨라서 손해 보는 일을 절대로 하지 않는다.

기출 회차 27, 26, 24, 23회

수긍하다(首肯--) 동

to understand, to accept / 納得する / 同意
친구의 자세한 설명을 듣고 나서 그 이야기를 수긍할 수 있었다.

기출 회차 28, 24회

※ [1~12] 다음 (   )에 알맞은 것을 고르십시오.

1 실수로 짐을 떨어뜨렸지만 다행히 내용물에는 (   )이 없었다.
① 잘못　　　　② 손상　　　　③ 결점　　　　④ 균형

2 (   )에 비해서 세금을 많이 낸다고 생각하는 사람들이 적지 않다.
① 개념　　　　② 보험　　　　③ 소득　　　　④ 금융

3 그는 연구자로서 기본 (   )을 갖추지 못한 것 같다.
① 본질　　　　② 소양　　　　③ 감정　　　　④ 성질

4 소방관들은 화재 현장에서 인명 (   )을 최소화하기 위해 노력했다.
① 손실　　　　② 재난　　　　③ 갈등　　　　④ 노출

5 행동은 하지 않고 생각만 늘어놓는 (   ) 자세로는 문제를 절대로 해결할 수 없다.
① 간접적　　　　② 효과적　　　　③ 본격적　　　　④ 소극적

6 책의 내용도 좋지만 (   ) 표지 디자인이 눈길을 끈다.
① 평범한　　　　② 심각한　　　　③ 세련된　　　　④ 적당한

7 시골에서 직접 농사를 지으면서 작지만 (   ) 기쁨을 느끼게 되었다.
① 소박한　　　　② 미세한　　　　③ 과다한　　　　④ 성실한

8 퇴직 후 집안에서 (   ) 기분을 느낀다는 가장들이 늘어나고 있다.
① 선행되는　　　　② 공유되는　　　　③ 보류되는　　　　④ 소외되는

9 설명을 충분히 듣긴 했지만 그래도 나는 네 주장을 (   ) 수가 없다.

① 명심할   ② 비평할   ③ 관여할   ④ 수긍할

10 사람들과 (   ) 못하면 사회생활을 잘하기 힘들다.

① 소통하지   ② 병행하지   ③ 경계하지   ④ 동반하지

11 나는 어디에도 (   ) 않는 자유로운 인생을 살고 싶다.

① 통하지   ② 속하지   ③ 견디지   ④ 나서지

12 이번 사고는 평소에 관리를 (   ) 한 건물 주인의 책임이 크다.

① 무수히   ② 나란히   ③ 소홀히   ④ 급격히

※ [13~15] 다음 밑줄 친 부분과 의미가 가장 비슷한 것을 고르십시오.

13 금액을 두 배로 만들 수 있다는 말에 <u>넘어가</u> 저축한 돈을 모두 주고 말았다.

① 걸려   ② 속아   ③ 무너져   ④ 부풀려

14 환경이 한번 오염되면 복구하는 데 오랜 시간이 <u>걸린다</u>.

① 생성된다   ② 강조된다   ③ 마비된다   ④ 소요된다

15 그는 현금뿐만 아니라 부동산도 상당수 <u>가지고</u> 있는 재력가이다.

① 소유하고   ② 구비하고   ③ 구성하고   ④ 소지하고

수도(水道) 명

water supply / 水道 / 自来水
몇 개월 동안 요금을 내지 않아서 수도가 끊겼다.

수도과 waterworks & sewerage dept / 水道課 / 水道科
수도 요금이 너무 많이 나와서 수도과에 연락했다.

수도꼭지 faucet, water tap / 水道の蛇口 / 水龙头
물을 사용한 후에 수도꼭지를 꼭 잠그세요.

수돗물 city water / 水道水 / 自来水
수돗물을 그냥 마셔도 건강에는 문제가 없다고 한다.

기출 회차 25, 24, 23, 21회

수량(數量) 명

quantity, volume / 数量 / 数量
물건이 들어올 때 수량을 잘 세어 두어야 한다.

기출 회차 28, 23, 22회

수립(樹立) 명

set up / 樹立 / 制订
지역 특성에 맞는 정책 수립이 중요하다.

수립하다 to establish, to set up / 樹立する / 制定
정부는 경제 성장을 위한 10년 계획을 수립했다.

기출 회차 26, 25, 24, 23회

수분(水分) 명

moisture / 水分 / 水分
겨울철에는 피부에 수분이 부족해지기 쉽다.

기출 회차 28, 27, 25, 22회

수사(搜査) 명

investigation / 搜査 / 搜查
경찰은 사건이 발생한 지 일주일 만에 수사를 시작했다.

기출 회차 27, 24, 21회

수상(受賞) 명

award / 受賞 / 获奖
부모님께서는 우등상 수상보다 개근상 수상을 더 기뻐하셨다.

기출 회차 25, 24회

수수료(手數料) 명

commission, charge / 手数料 / 手续费
은행에서 돈을 찾거나 보낼 때 수수료를 내야 한다.

기출 회차 27, 23회

수온(水溫) 명

water temperature / 水温 / 水温
최근 바다의 수온이 2도 정도 상승했다는 보고가 있다.

기출 회차 27, 25회

수요(需要) 명

demand / 需要 / 需求
제품 수량은 일정한데 수요가 늘어 제품 가격이 올랐다.

수요자   consumer, prospective customer / 需要者 / 需求方
최근 경제 사정이 좋지 않아 집을 사려는 수요자가 없다.

기출 회차 27, 25, 24회

| **수월하다**
형 |  to be easy / 容易だ / 轻松
동료들이 도와준 덕분에 일을 수월하게 끝낼 수 있었다.
기출 회차 26, 22회 |

| **수위**(水位)
명 | water level / 水位 / 水位
몇 달 동안 비가 내리지 않아 강물의 수위가 낮아졌다.
기출 회차 23, 21회 |

| **수익**(收益)
명 |  profit, earnings / 收益 / 收益
공연에서 얻은 수익을 어려운 이웃을 위해 쓰기로 했다.
기출 회차 28, 27, 26, 25, 24, 22회 |

| **수정하다**(修正--)
동 | to change, to modify / 修正する / 修改
보고서를 수정해서 내일까지 다시 제출해야 한다.
기출 회차 24, 21회 |

| **수증기**(水蒸氣)
명 |  vapor, steam / 水蒸気 / 水蒸汽
물이 100도 이상으로 끓으면 수증기가 된다.
기출 회차 26, 22, 21회 |

| **수직**(垂直)
명 |  verticality / 垂直 / 垂直
날아가던 비행기가 갑자기 수직으로 떨어지기 시작했다.
기출 회차 28, 26, 25회 |

수집(收集)
명

collection, collect / 収集 / 收集
어렸을 때에는 우표 수집이 취미였다.

수집품　collection, memorabilia / 収集品 / 收集品
아버지께서는 여행하면서 모으신 수집품을 방에 정리해 두셨다.

수집하다　to collect, to gather / 収集する / 收集
논문에 필요한 자료를 수집하기 위해 도서관을 찾았다.

기출 회차　26, 25회

수차례(數次例)
명

numerous times, several times / 何度も / 多次
남편에게 운전을 조심하라고 수차례 얘기했는데 결국 사고를 냈다.

기출 회차　28, 22, 21회

수행하다(遂行--)
동

to perform, to carry out / 遂行する / 完成
미리 계획을 세웠기 때문에 일을 잘 수행할 수 있었다.

기출 회차　28, 26, 23회

수호하다(守護--)
동

to protect, to guard / 守護する / 守护
자신의 나라를 수호하기 위해 많은 사람들이 전쟁에 지원했다.

기출 회차　25, 24회

수확(收穫)
명

harvest / 収穫 / 收获
올해는 날씨가 좋았기 때문에 과일 수확이 늘어날 것 같다.

기출 회차　227, 25, 22회

숙박(宿泊)
명

lodgment, accommodation / 宿泊 / 住宿
나는 여행을 할 때 숙박 시설이 좋은 곳을 선택한다.

기출 회차 27, 22회

숙지하다(熟知--)
동

to be well acquainted / 熟知する / 熟知
제품의 사용법을 숙지한 후에 사용해야 고장을 막을 수 있다.

기출 회차 26, 25회

순식간(瞬息間)
명

a brief instant, a moment / 瞬く間 / 瞬间
2대 0으로 지고 있던 경기가 순식간에 동점이 되었다.

기출 회차 28, 27, 26회

순응하다(順應--)
동

to adapt, to conform / 順応する / 顺应
생물들은 자연의 변화에 순응하며 살아간다.

기출 회차 27, 25, 24회

습기(濕氣)
명

humidity / 湿気 / 潮气
장마철에는 비가 자주 와서 방에 습기가 찬다.

기출 회차 28, 23회

습득하다(習得--)
동

to learn, to acquire / 習得する / 学会
아이들은 어른보다 빨리 외국어를 습득한다.

기출 회차 23, 21회

승리하다(勝利--)

to win, to win the victory / 勝利する / 胜利
그동안 열심히 훈련한 덕분에 경기에서 계속 승리하고 있다.
기출 회차 27, 26회

승부(勝負)

winning or losing / 勝負 / 胜负
두 선수의 실력이 비슷해서 쉽게 승부가 나지 않는다.
기출 회차 28, 26, 21회

승하(昇遐)

the death of a king / 崩御 / 驾崩
왕의 승하 후 어린 왕자를 대신하여 왕비가 정치를 하게 되었다.
기출 회차 26, 22회

시끄럽다

1. to be noisy, to be loud / うるさい / 嘈杂
쉬는 시간이 되자 학생들이 시끄럽게 떠들기 시작했다.

2. to be troubled / 騒がしい / 喧嚣
며칠 사이에 집집마다 도둑이 들어 온 동네가 시끄럽다.
기출 회차 25, 21회

시달리다

to suffer (from), to be pestered / 悩まされる / 受累
하루 종일 아이들에게 시달려서 피곤하다.
기출 회차 28, 26, 25회

시점(時點)

time, viewpoint / 時点 / 时候
새로운 시대에 적응하기 위한 변화가 요구되는 시점이다.
기출 회차 26, 25, 24, 22, 21회

※ [1~9] 다음 (　　　　　)에 알맞은 것을 고르십시오.

1 (　　　　　)를 시작한 지 한 달이 지났지만 범인을 잡지 못하고 있다.

  ① 연구　　　　② 관리　　　　③ 보호　　　　④ 수사

2 올겨울에는 날씨가 추워 난방용 전력 (　　　　)가 급증할 전망이다.

  ① 요구　　　　② 수요　　　　③ 권유　　　　④ 논의

3 두 팀의 실력이 비슷해서 연장전 끝에 (　　　　)를 가리게 되었다.

  ① 승부　　　　② 견해　　　　③ 실패　　　　④ 성과

4 경제 상황이 좋지 않음에도 불구하고 우리 회사는 (　　　　)이 증가했다.

  ① 세력　　　　② 비용　　　　③ 수익　　　　④ 분량

5 각자 맡은 일을 성실히 (　　　　) 이번 행사를 성공적으로 끝냈다.

  ① 부합하여　　② 대비하여　　③ 수행하여　　④ 관여하여

6 화재가 났을 때 대비하는 방법을 잘 (　　　　) 도움이 될 것이다.

  ① 숙지하면　　② 감당하면　　③ 거듭하면　　④ 겸비하면

7 처음 배우는 언어인데 그는 생각보다 빨리 (　　　　).

  ① 실현했다　　② 습득했다　　③ 구현했다　　④ 납득했다

8 친구가 도와준 덕분에 음식 준비를 (　　　　) 할 수 있었다.

  ① 동일하게　　② 무성하게　　③ 소홀하게　　④ 수월하게

9 업무에 (　　　　) 나머지 한 달 사이에 체중이 5kg이나 빠졌다.

  ① 머무른　　　② 빼앗긴　　　③ 시달린　　　④ 뒤처진

※ [10~15] 다음 밑줄 친 부분과 의미가 가장 비슷한 것을 고르십시오.

10 이번 달까지 필요한 자료를 모두 <u>수집해야</u> 분석을 맡길 수 있다.

① 가져야　　　② 모아야　　　③ 다뤄야　　　④ 잡아야

11 우리 국가 대표 팀이 준결승전에서 <u>이겨</u> 처음으로 결승에 나가게 되었다.

① 승리해　　　② 대응해　　　③ 명심해　　　④ 근접해

12 상관의 지시라고 해도 잘못된 지시에 <u>순응하는</u> 것은 옳지 않다.

① 붙는　　　② 숙이는　　　③ 따르는　　　④ 어울리는

13 군인들은 나라를 <u>지키기</u> 위해 목숨을 걸고 싸웠다.

① 소유하기　　　② 복구하기　　　③ 감수하기　　　④ 수호하기

14 이번 영화제에서 신인 배우가 주연상을 <u>받아서</u> 모두가 놀랐다.

① 기증해서　　　② 과시해서　　　③ 수상해서　　　④ 구비해서

15 계획을 <u>바꾸지</u> 않고 원래대로 진행하기로 결정했다.

① 수정하지　　　② 구별하지　　　③ 분해하지　　　④ 가공하지

시중(市中)
명

market / 市中 / 公开市场
다양한 디자인과 기능을 갖춘 휴대전화가 시중에 많이 나와 있다.

기출 회차 25, 23회

시행착오(試行錯誤)
명

trial and error / 試行錯誤 / 走弯路
여러 차례의 시행착오 끝에 드디어 실험에 성공했다.

기출 회차 22회

식량(食糧)
명

food / 食糧 / 食粮
농업 인구가 줄면서 식량을 수입하는 비율이 높아지고 있다.

식량난　shortage of food / 食糧難 / 闹粮荒
아프리카 지역은 아직도 식량난으로 죽어가는 사람들이 많다.

기출 회차 27, 23회

신규(新規)
명

new / 新規 / 新(项目)
회의에서 내년도 신규 사업에 대해 검토하였다.

기출 회차 28, 21회

신기술(新技術)
명

new technology / 新技術 / 新技术
끊임없이 신기술을 개발하지 않으면 경쟁에서 지게 된다.

기출 회차 26, 23, 21회

신나다
동

to be excited / 楽しい / 开心
사람들은 음악에 맞춰 신나게 춤을 추기 시작했다.

기출 회차 23, 21회

신선하다(新鮮--)
형

1. to be fresh / 新鮮だ / 新鲜
아침 일찍 시장에 가면 신선한 생선을 살 수 있다.

2. to be fresh / 新鮮だ / 新颖
젊은 사람들의 신선한 생각을 들어볼 필요가 있다.

기출 회차 27, 25회

신속하다(迅速--)
형

to be quick, to be speedy / 迅速だ / 迅速
생각하지 못한 사고였지만 신속한 대처로 피해를 줄일 수 있었다.

기출 회차 27, 26, 23회

신용(信用)
명

credit, credibility / 信用 / 信用
상대방에게 믿음을 주지 못하면 신용을 쌓을 수 없다.

기출 회차 26, 24, 21회

신제품(新製品)
명

new product / 新製品 / 新产品
작년에 생산된 제품과 올해의 신제품 사이에 큰 차이가 없다.

기출 회차 28, 27, 26, 25회

신통하다(神通--)
형

to be wonderful, to be marvelous / はかばかしい / 高明
이 문제를 해결할 만한 신통한 방법이 떠오르지 않는다.

기출 회차 23, 22회

ㅅ

실리다

동

1. to be loaded, to be carried / 加わる / 有(力度)
청중 앞에서 연설하는 그의 목소리에 힘이 실려 있었다.
2. to be published / 載る / 登載
우리 회사 제품을 소개하는 글이 신문에 실렸다.
기출 회차 26, 25회

실마리
명

clue, lead / 糸口 / 头绪
풀리지 않을 것 같은 문제였지만 드디어 해결의 실마리가 보인다.
기출 회차 26, 25, 21회

실망(失望)

명

disappointment / 失望 / 失望
무슨 일이든지 기대가 크면 실망도 큰 법이다.

실망하다 to be disappointed / 失望する / 失望
기대했던 선수가 예선에서 떨어지자 국민들은 크게 실망했다.
기출 회차 28, 26, 25, 24, 23회

실업(失業)
명

unemployment / 失業 / 失业
청년 실업 문제가 사회의 큰 문제로 부각되고 있다.
기출 회차 27, 21회

실적(實績)

명

result, performance / 実績 / 业绩
회사에서는 직원들에게 판매 실적에 따라 보너스를 주기로 했다.
기출 회차 24, 22, 21회

실정(實情)
명

(actual/real) state / 実情 / 实际情况
병원에 입원실이 부족해 환자를 모두 수용할 수 없는 실정이다.

기출 회차 25, 24회

실제로(實際-)
부

actually, really / 実際に / 真实
그 야구 선수를 실제로 봤더니 생각보다 키가 꽤 컸다.

기출 회차 28, 25, 24, 23, 22회

실질적(實質的)
명 관

actuality, reality / 実質的 / 实质上
이번 계약은 실질적으로 우리에게 유리한 점이 별로 없다.
내가 회사의 사장이지만 실질적 소유주는 아버지이다.

기출 회차 28, 24, 22, 21회

실체(實體)
명

substance, true nature / 実体 / 真相
오랫동안 풀리지 않던 사건의 실체가 서서히 드러나기 시작했다.

기출 회차 25, 23회

실행(實行)
명

practice, action / 実行 / 实行
계획을 세우는 일보다 실행에 옮기는 일이 더 중요하다.

실행하다　to practice / 実行する / 兑现
새해의 결심을 하나씩 실행하려고 노력 중이다.

기출 회차 24, 21회

실현(實現)
명

realization / 実現 / 实现
정부가 마련한 새 복지 제도가 실현 가능한 것인지 의심스럽다.

실현되다　to be realized / 実現される / 实现
인간이 우주에서 생활하는 꿈은 머지않아 실현될 것이다.

실현하다　to realize, to fulfill / 実現する / 实现
새로운 사업 계획을 실현하기 위해서는 막대한 돈이 필요하다.

기출 회차　27, 26, 25, 23회

심정(心情)
명

feelings, heart / 心情 / 心情
너무 힘들어서 울고 싶은 심정이었지만 아무에게도 말할 수 없었다.

기출 회차　28, 27, 26, 25회

심지어(甚至於)
부

even, what was worse / 甚だしくは / 甚至
할아버지께서는 기억력이 떨어져 심지어 가족들도 알아보지 못하신다.

기출 회차　24, 23회

심폐(心肺)
명

heart & lung / 心肺 / 心肺
꾸준히 걷기 운동을 하면 심폐 기능이 향상될 것이다.

심폐소생술　cardiopulmonary (resuscitation)
/ 心肺蘇生術 / 心肺复苏术
심폐소생술을 익혀 두면 응급 상황에서 도움이 된다.

기출 회차　24, 21회

쓰임새
명

use / 使い道 / 用途
작은 가방이지만 쓰임새가 다양해서 사용하기 편리하다.

기출 회차　26, 21회

쓸데없다
형

to be useless, to be unnecessary / 無駄だ / 不必要
비싼 호텔에서 결혼식을 하는 것은 쓸데없는 낭비이다.

기출 회차 23, 21회

씁쓸하다
형

to be bitter, to be bitterish / ほろ苦い / 苦涩
좋은 성적을 위해 노력했지만 결과가 좋지 않아 기분이 씁쓸하다.

기출 회차 23회

아슬아슬
부

by a narrow margin / ぎりぎり / 惊险
선수들이 장애물을 아슬아슬 뛰어 넘으면서 달린다.

아슬아슬하다　to be risky / ぎりぎりだ / 险乎
오토바이가 차량 사이를 아슬아슬하게 지나갔다.

기출 회차 27, 25회

아울러
부

besides / 合わせて / 与此同时
학교는 학생의 실력 향상과 아울러 인성 교육에도 신경을 써야 한다.

기출 회차 26, 22회

악물다
동

to grit one's teeth / 食いしばる / 咬紧
이를 악물고 공부한 끝에 대학 입학시험에 합격했다.

기출 회차 26회

※ [1~11] 다음 (   )에 알맞은 것을 고르십시오.

1 올해 (   ) 등록한 회원 수가 작년의 두 배에 이른다.
① 신규   ② 무인   ③ 독립   ④ 가상

2 저소득층에 (   )으로 도움을 줄 수 있는 대책이 시급하다.
① 미적   ② 독립적   ③ 실질적   ④ 무의식적

3 한번 결심을 했으면 미루지 말고 (   )에 옮겨야 한다.
① 관행   ② 실행   ③ 병행   ④ 수행

4 지금껏 여러 번 실패했지만 아직 (   )에는 이르다.
① 감당하기   ② 반복하기   ③ 명심하기   ④ 실망하기

5 아이들이 얼어붙은 강 위에서 눈썰매를 타며 (   ) 놀고 있다.
① 빛나게   ② 신나게   ③ 이끌게   ④ 힘쓰게

6 꿈을 (   ) 위해서는 끊임없는 노력이 필요하다.
① 대응하기   ② 실현하기   ③ 다짐하기   ④ 강화하기

7 그는 자신보다 실력이 낮은 상대에게 진 후 (   ) 표정을 감추지 못했다.
① 씁쓸한   ② 떳떳한   ③ 넉넉한   ④ 든든한

8 새로 구입한 약이 감기에 (   ) 잘 듣는다.
① 느슨하게   ② 과다하게   ③ 신통하게   ④ 가능하게

9 그 영화는 (   ) 일어났던 사건을 토대로 만들어졌다.
① 대개   ② 부쩍   ③ 기필코   ④ 실제로

10 지진으로 인해 전기와 도로가 끊기고 (　　　　　) 건물들도 무너졌다.

① 겨우　　　　　② 미처　　　　　③ 심지어　　　　　④ 비로소

11 사람들은 정치를 안정시키고 (　　　　　) 경제도 발전시킬 인물을 원한다.

① 도로　　　　　② 굳이　　　　　③ 아울러　　　　　④ 도리어

※ [12~14] 다음 밑줄 친 부분과 의미가 가장 비슷한 것을 고르십시오.

12 새로 개발된 프로그램은 <u>쓰임새</u>가 다양해서 인기가 높다.

① 분배　　　　　② 용도　　　　　③ 논의　　　　　④ 대비

13 기존의 사고방식을 뒤집는 연구 결과에 <u>신선한</u> 충격을 받았다.

① 깊은　　　　　② 많은　　　　　③ 놀라운　　　　　④ 새로운

14 태풍 피해 지역의 도로와 전기가 <u>빠르게</u> 복구되었다.

① 신속하게　　　　② 급박하게　　　　③ 단단하게　　　　④ 선명하게

※ [15] 다음 (　　　　　)에 공통적으로 들어갈 단어를 고르십시오.

15
잡지에 (　　　　　) 풍경 사진이 정말 아름답다.
팀이 연승을 하자 감독의 목소리에도 자신감이 (　　　　　).
사장님의 말씀에는 거부할 수 없는 무게가 (　　　　　) 있었다.

① 띠다　　　　　② 놓이다　　　　　③ 실리다　　　　　④ 들어가다

악용(惡用)
명

abuse, misuse / 悪用 / 濫用
은행은 개인 정보 악용을 막기 위해 보안을 강화했다.

악용되다 to be used badly / 悪用される / 恶意利用
범죄에 악용될 수 있기 때문에 총을 소지하는 것은 위험하다.

기출 회차 25, 24회

악하다(惡--)
형

to be bad, to be wicked / 悪い / 邪恶
무서운 범죄를 저지른 범인도 처음부터 악한 사람은 아니었을
것이다.

기출 회차 23회

안도(安堵)
명

relief / 安堵 / 放心
비행기가 무사히 착륙하자 승객들은 안도의 한숨을 쉬었다.

안도감 sense of relief / 安堵感 / 安全感
무사히 집에 도착하니 비로소 안도감이 든다.

안도하다 to be relieved / 安堵する / 放心
검사 결과 몸에 아무 이상이 없다는 말을 듣고 안도했다.

기출 회차 27, 22회

안목(眼目)
명

discerning eye / 眼識 / 眼光
나이가 들면 사람을 보고 판단할 수 있는 안목이 생긴다.

기출 회차 27, 24, 21회

앞당기다
동

to advance, to move up / 繰り上げる / 提前
내년에 사업을 시작하려던 계획을 올해로 앞당기기로 했다.

기출 회차 25, 24, 22회

앞두다
동

to have - ahead / 前にする / 前夕
결혼을 앞두고 여러 가지 준비할 것이 많아 바쁘다.
기출 회차 27, 21회

앞서
부

beforehand, in advance / 先に / 先
행사를 준비하기 위해 다른 사람들보다 앞서 출발했다.
기출 회차 28, 26, 24, 21회

앞서다
동

1. prior to, before / 先立つ / 之前
입사 지원자들은 면접에 앞서 필기시험을 통과해야 한다.

2. to be ahead of / 先駆ける / 超前
시대를 앞선 패션은 사람들에게 비난을 받을 때가 많다.
기출 회차 27, 26, 24, 23회

애쓰다
동

to make a great effort / 努力する / 致力于
소방대원들이 건물 안에 갇힌 사람을 구하려 애쓰고 있다.
기출 회차 22, 21회

애처롭다
형

to be pitiful, to be pathetic / 不憫だ / 伤心
사고로 부모를 잃은 아이들이 애처롭게 울고 있다.
기출 회차 24, 21회

야기하다(惹起--)
동

to cause, to bring about / 引き起こす / 造成
무분별한 쓰레기 배출이 토양 오염을 야기했다.

기출 회차 23, 22회

야생(野生)
명

wildness / 野生 / 野生
무인도에는 야생의 자연이 잘 보존되어 있다.

야생동물　wild animals / 野生動物 / 野生动物
야생동물을 보호하기 위해 산에서 사냥을 금지하고 있다.

기출 회차 24, 22, 21회

약재(藥材)
명

medicine, Oriental herbs / 藥材 / 药材
편찮으신 할아버지께 좋은 약재를 구해 드렸다.

기출 회차 28, 24회

약화(弱化)
명

weakening / 弱化する / 減弱
선수들의 부상으로 팀의 전력 약화가 우려된다.

약화되다　to be weaken / 弱化する / 減弱
처음에 강력했던 태풍은 시간이 지나면서 세력이 약화되었다.

약화시키다　to undermine / 弱化させる / 削弱
과로와 스트레스는 인체의 면역력을 약화시킬 수 있다.

기출 회차 21회

양반(兩班)
명

yangban, nobleman (in Chosun dynasty)
/ 両班(朝鮮時代の上流階級) / 两班
조선 시대의 양반은 왕족 다음으로 높은 계층이었다.

기출 회차 28, 26회

양상(樣相)
명

aspect, condition / 様相 / 局面
토론이 주제에서 벗어나 점점 복잡한 양상을 띠어 간다.

기출 회차 25, 24, 23, 21회

양성(養成)
명

fostering, cultivation / 養成 / 培养
산업 발전을 위한 전문 인력 양성이 시급하다.

양성하다 to foster, to cultivate / 養成する / 培养
우리 학교는 훌륭한 인재를 양성하기 위해 노력하고 있습니다.

기출 회차 28, 27, 26, 21회

양식(糧食)
명

food (for), nourishment / 糧 / (精神)食粮
독서는 마음을 살찌게 하는 소중한 양식이다.

기출 회차 27, 26, 25, 23회

어김없다
형

to do not fail to do / 間違いない / 不失约
그는 자신이 한 약속에는 조금도 어김없는 사람이다.

어김없이 without fail / 間違いなく / 必定
봄이 되면 어김없이 여기저기에 꽃이 핀다.

기출 회차 28, 24, 23, 22회

어리다
형

1. to be young / 幼い / (年纪)小
오랜만에 초등학교 동창을 만나니 어렸을 때의 추억이 떠오른다.
2. to be little / 小さい / 幼小
동생이 어린 강아지를 한 마리 사 왔다.

기출 회차 28, 26, 24, 21회

어리석다
형

to be foolish, to be stupid / 愚かだ / 愚蠢
사실을 확인하지도 않고 남의 말만 믿은 내가 어리석었다.

기출 회차 24, 21회

어우러지다
동

to mix (with), to mingle (with) / 調和する / 和谐
배우들의 춤과 노래가 잘 어우러져 신나는 무대가 만들어졌다.

기출 회차 24, 23회

억제(抑制)
명

suppression, control / 抑制 / 抵制
경찰은 범죄 발생 억제를 위한 대책을 논의 중이다.

억제되다　to be restrained / 抑制される / 抑制
지난 1년간 정부에 의해 물가 인상이 억제되어 왔다.

억제책　control policy / 抑制策 / 控制方案
오염 물질 배출에 대한 강력한 억제책이 필요하다.

억제하다　to suppress / 抑制する / 抑制
이 약은 식욕을 억제하는 효과가 있어 다이어트에 사용된다.

기출 회차 28, 27, 24회

언론(言論)
명

the press, the (mass) media / 言論 / 媒体
언론은 사실을 바탕으로 한 기사를 제공해야 한다.

언론기관　mass media organization / 言論機関 / 媒体机构
신문사나 방송사와 같은 언론기관은 공정한 보도가 중요하다.

언론인　pressman / 言論人 / 媒体人
언론인은 권력을 비판하고 감시할 책임이 있다.

기출 회차 25, 23, 22회

엄격하다(嚴格--)

형

to be strict, to be severe / 厳格だ / 严格
식품의 안전을 위해서는 엄격한 관리가 필요하다.

엄격히 strictly / 厳格に / 严格
최근에는 공공장소에서의 흡연을 엄격히 규제하고 있다.

기출 회차 26, 24회

※ [1~9] 다음 (   )에 알맞은 것을 고르십시오.

1 가정 기능의 (   )는 사회 불안으로 이어질 수 있다.
　① 약화　　　　② 노후　　　　③ 손해　　　　④ 격차

2 어머니는 아들의 합격 소식을 들은 후에 비로소 (   )의 숨을 쉬었다.
　① 승리　　　　② 공감　　　　③ 해결　　　　④ 안도

3 제품에 대한 (   )이 뛰어나면 좋은 물건을 구매할 수 있다.
　① 비평　　　　② 안목　　　　③ 개발　　　　④ 방식

4 출근 시간이 지나자 주요 도로의 교통 흐름은 원활한 (   )을 보이고 있다.
　① 내역　　　　② 등급　　　　③ 양상　　　　④ 관측

5 출장을 갔다가 급한 회의가 생기는 바람에 일정을 (   ) 귀국했다.
　① 밀려　　　　② 앞당겨　　　　③ 부풀려　　　　④ 끌어올려

6 개인정보가 범죄에 (   ) 경우가 있으므로 보안에 주의해야 한다.
　① 강화되는　　　② 선정되는　　　③ 악용되는　　　④ 부각되는

7 문제의 해결책을 찾지 않고 고민만 하는 것은 (   ) 일이다.
　① 게으른　　　② 씁쓸한　　　③ 어리석은　　　④ 날카로운

8 아버지는 매우 (   ) 늦게 귀가하면 야단을 치곤 하셨다.
　① 거만하셔서　　② 당당하셔서　　③ 느슨하셔서　　④ 엄격하셔서

9 이 지역은 지형이 낮아 장마철이면 (   ) 물난리가 난다.
　① 빈틈없이　　　② 다름없이　　　③ 쓸데없이　　　④ 어김없이

※ [10~13] 다음 밑줄 친 부분과 의미가 가장 비슷한 것을 고르십시오.

10 인간관계에서는 끊임없이 대화를 통해 이해하려고 <u>노력할</u> 필요가 있다.

① 애쓸　　　② 다스릴　　　③ 뉘우칠　　　④ 눈여겨볼

11 난방 기구 사용에 대한 부주의가 이번 화재를 <u>불러일으켰다</u>.

① 생산했다　　　② 방지했다　　　③ 반영했다　　　④ 야기했다

12 산업 발전을 위해서는 각 분야의 전문가를 <u>키우는</u> 일이 시급하다.

① 양성하는　　　② 교체하는　　　③ 보충하는　　　④ 고용하는

13 정부는 부동산으로 돈이 몰리는 것을 <u>막기</u> 위한 대책을 마련하였다.

① 구현하기　　　② 대비하기　　　③ 억제하기　　　④ 수립하기

※ [14~15] 다음 (　　　　　)에 공통적으로 들어갈 단어를 고르십시오.

14

토론할 때에는 감정이 (　　　) 안 된다.
연구원들은 선진국의 (　　　) 기술을 습득해 왔다.
공연을 시작하기에 (　　　) 휴대전화를 꺼 주시기 바랍니다.

① 나서다　　　② 앞서다　　　③ 불거지다　　　④ 두드러지다

15

고양이가 아직 (　　　) 사람의 보살핌이 필요하다.
그녀는 나와 동갑이지만 얼굴이 (　　　) 보인다.
(　　　) 시절에는 병원에 가는 것이 너무 무서웠다.

① 젊다　　　② 아프다　　　③ 어리다　　　④ 안타깝다

엄두
명

intention / やる気 / 念头
집값이 너무 비싸다보니 살 엄두가 나지 않는다.

기출 회차 28, 26, 25회

엄청나다
형

to be huge, to be enormous / 夥しい / 巨大
며칠간 폭우가 계속되어 피해가 엄청나다.

기출 회차 22, 21회

엉키다
동

1. to tangle / もつれる / 绞缠
전선이 복잡하게 엉켜 있어서 풀기가 매우 어렵다.

2. to coagulate / 絡まる / 凝结
시간이 지나자 상처에서 나온 피가 엉켜 붙었다.

기출 회차 26, 23회

여간(如干)
부

commonly, normally / 並大抵でない / 不简单
혼자서 아이를 키우는 일이 여간 힘들지 않다.

여간하다   to be common, to be ordinary / 余ほどのことだ / 一时半会儿
비가 몇 시간째 내리고 있지만 여간해서 그칠 것 같지 않다.

기출 회차 28, 23, 22, 21회

여건(與件)
명

conditions / 与件 / 条件
최근 경제 여건이 개선되어 소비가 조금씩 늘고 있다.

기출 회차 27회

여론(輿論)
명

public opinion / 与論 / 舆论
선거를 앞두고 여론조사가 다양하게 이루어졌다.

기출 회차 25, 23회

여전히(如前-)
부

still, as ever / 相変わらず / 依然
오랜 시간이 흘렀지만 그는 여전히 성실하다.

기출 회차 28, 27, 26, 24, 23, 21회

여지(餘地)
명

leave no room for / 余地 / 余地
문제를 해결했지만 아직 논란의 여지가 있다.

기출 회차 25, 22, 21회

역량(力量)
명

capability, ability / 力量 / 能力
내가 과연 그 일을 해낼 수 있는 역량이 될지 모르겠다.

기출 회차 28, 21회

연관성(聯關性)
명

correlation, interrelationship / 関連性 / 连贯性
이야기의 연관성이 떨어져서 드라마를 이해하기가 어렵다.

기출 회차 25, 23회

연도(年度)
명

year / 年度 / 年度
책 표지가 없어 작가나 출판 연도를 정확히 알 수가 없다.

기출 회차 26, 25회

연료(燃料) 〔명〕

fuel / 燃料 / 燃料

석유, 석탄 같은 화석 연료를 사용하면 이산화탄소가 많이 발생한다.

기출 회차 28, 27, 25, 22회

연상하다(聯想--) 〔동〕

to remind / 連想する / 联想

구름의 특이한 모양이 동물을 연상하게 한다.

기출 회차 27회

연인(戀人) 〔명〕

one's love, one's lover / 恋人 / 恋人

우리는 처음에 그냥 친구였는데 점차 연인으로 발전했다.

기출 회차 27, 22회

연출(演出) 〔명〕

direction / 演出 / 导演

작품이 성공하려면 배우의 연기 못지않게 연출도 중요하다.

기출 회차 22, 21회

열매 〔명〕

fruit / 実 / 果实

가을이 되자 사과나무에 열매가 많이 열렸다.

기출 회차 27, 24, 22회

열정(熱情) 〔명〕

passion, ardor / 情熱 / 热情

나이가 들었지만 일에 대한 열정은 젊은이들과 다를 바 없다.

기출 회차 28, 27, 23, 21회

염증¹(炎症)
명

infection, inflammation / 炎症 / 炎症
여드름이 난 부분을 손으로 만져 염증이 생겼다.
기출 회차 28, 23회

염증²(厭症)
명

to be tired of / 嫌気 / 厌烦
매일 반복되는 직장 생활에 염증을 느껴 사표를 내기로 결심했다.
기출 회차 21회

엿보다
동

1. to peep, to peek / 覗く / 偷看
누군가 방 안을 엿보는 느낌이 들어 밖으로 나가 보았다.

2. to see, to understand / 伺う / 大概了解
다양한 그림을 통해 당시 사람들의 생활을 엿볼 수 있다.
기출 회차 28, 26, 23회

영입(迎入)

명

recruit, scout / 迎え入れる / 引进
우리 팀은 내년도 우승을 위해 새로운 선수의 영입을 결정했다.
기출 회차 26, 21회

예고(豫告)

명

notice / 予告 / 招呼
친구가 예고도 없이 갑자기 찾아와서 깜짝 놀랐다.

예고되다 to be forewarned / 予告される / 预告
이번 정전 사고는 일찍부터 예고되었던 것이다.
기출 회차 27회

예년(例年)
명

average year, ordinary year / 例年 / 往年
올겨울은 예년에 비해 눈이 많이 오고 기온도 낮은 편이다.

기출 회차 26, 25회

예민하다(銳敏--)
형

to be sensitive, to be sharp / 鋭敏だ / 敏锐
개가 냄새에 예민한 것은 인간보다 후각이 발달했기 때문이다.

기출 회차 26, 24회

예술(藝術)
명

art / 芸術 / 艺术
고정관념을 버리면 예술 작품을 감상하는 데 도움이 된다.

기출 회차 28, 27, 26, 24, 23, 22회

예의(禮儀)
명

manners, politeness / 礼儀 / 礼貌
공동생활을 잘 하기 위해서는 서로 예의를 지키는 것이 중요하다.

기출 회차 27, 25, 24, 22, 21회

예컨대(例--)
부

for instance, such as / 例えば / 比如
공공장소, 예컨대 병원, 지하철역과 같은 곳에서는 금연입니다.

기출 회차 27, 26회

오늘날 
명

today, present (day) / 今日 / 当今
그 노래는 오늘날까지 많은 사람들에게 인기를 끌고 있다.
기출 회차 27, 26, 24, 21회

오로지 
부

only, exclusively / ひたすら / 全凭
학원에 다니지 않고 오로지 학교 공부만으로 시험에 합격했다.
기출 회차 27, 21회

※ [1~9] 다음 (   )에 알맞은 것을 고르십시오.

1 피부염에 걸려서 얼굴 여기저기에 (   )이 생겼다.
① 염증   ② 갈등   ③ 면역   ④ 손실

2 그는 평생 소외된 계층을 돕는 일에 (   )을 쏟아 왔다.
① 발성   ② 시선   ③ 열정   ④ 실적

3 그의 증언은 논리적인 (   )이 없어 증거로 채택되지 못했다.
① 가공성   ② 감수성   ③ 보편성   ④ 연관성

4 무슨 일이든 자신의 (   )을 최대한 발휘할 수 있도록 노력해야 한다.
① 독립   ② 개념   ③ 역량   ④ 내면

5 부동산에 투자하기 전에 지리적 (   )을 잘 살펴보는 것이 좋다.
① 여건   ② 노출   ③ 부문   ④ 변환

6 상대방이 명확한 증거를 가지고 있기 때문에 변명의 (   )가 없다.
① 방어   ② 여지   ③ 사태   ④ 고려

7 할 일이 많아 어디서부터 시작해야 할지 (   )가 나지 않는다.
① 대처   ② 사고   ③ 엄두   ④ 갈피

8 노트북의 성능은 예전과 비교할 수 없을 정도로 (   ) 향상되었다.
① 엄청나게   ② 유별나게   ③. 선명하게   ④ 미미하게

9 호기심에 구입한 책인데 내용이 (   ) 재미있지 않다.
① 꽤   ② 여간   ③ 마치   ④ 비로소

※ [10~13] 다음 밑줄 친 부분과 의미가 가장 비슷한 것을 고르십시오.

10 동물은 자연의 변화에 <u>민감하게</u> 반응하여 재난을 미리 피한다.

① 과도하게　　　② 무모하게　　　③ 급속하게　　　④ 예민하게

11 하얀 백합꽃을 볼 때마다 돌아가신 어머니를 <u>연상하게</u> 된다.

① 떠올리게　　　② 가려내게　　　③ 되살리게　　　④ 찾아내게

12 최 교수님은 평생을 <u>오직</u> 학문 연구에만 바치신 분이다.

① 심지어　　　② 무작정　　　③ 오로지　　　④ 그다지

13 벌써 4월이 다 되어 가는데 날씨가 <u>여전히</u> 추워서 겨울옷을 입는다.

① 살짝　　　② 아직　　　③ 부쩍　　　④ 미처

※ [14~15] 다음 (　　　　)에 공통적으로 들어갈 단어를 고르십시오.

14
(　　　) 줄을 풀다가 실수로 끊고 말았다.
머리카락이 서로 (　　　) 빗어지지 않는다.
여러 가지 문제들이 해결할 수 없을 정도로 (　　　).

① 붙다　　　② 감다　　　③ 엉키다　　　④ 섞이다

15
창문을 통해 방 안을 살짝 (　　　).
작품을 읽으면 작가의 정신세계를 (　　　) 수 있다.
도둑은 주위를 (　　　) 후에 몰래 집으로 들어갔다.

① 엿보다　　　② 내다보다　　　③ 둘러보다　　　④ 들여다보다

오지(奧地)
명

the wild(s), remote area / 奧地 / 僻地
오지 탐험을 떠나기 전에 비상식량과 구급약을 확인했다.

기출 회차 27회

오해하다(誤解--)
동

to misunderstand, to misapprehend / 誤解する / 误解
의사소통이 잘 되지 않으면 서로 오해해서 문제가 커질 수 있다.

기출 회차 28, 25회

옥상(屋上)
명

rooftop / 屋上 / 屋顶
건물 옥상에 정원을 만들자 사람들이 몰리기 시작했다.

기출 회차 28, 25, 24

온갖
관

all, every / ありとあらゆる / 形形色色
정부는 온갖 범죄를 막기 위한 대책을 세우고 있다.

기출 회차 27, 23회

온전하다(穩全--)
형

to be intact, to be sound / 無傷だ / 完整
물건을 떨어뜨렸지만 다행히 고장 난 곳 없이 온전했다.

기출 회차 25, 21회

옳다
형

to be right, to be proper / 正しい / 对
여기서 다투지 말고 누가 옳은지 법정에 가서 따져 보자.

기출 회차 27, 25회

옹호하다(擁護--)
동

to stand by, to advocate / 擁護する / 维护
가난하고 힘없는 사람을 옹호해 줄 수 있는 법이 필요하다.
 27, 25회

완벽하다(完璧--)
형

to be perfect / 完璧だ / 完美
이번 공연은 음악과 춤, 배우의 연기가 모두 완벽했다.
 26, 25, 22회

완화(緩和)
명

relax, ease (off) / 緩和 / 缓和
두 나라 사이의 긴장 완화를 위한 대책을 마련해야 한다.

완화되다　to be relieved / 緩和される / 缓解
진통제를 복용하면 통증이 점차 완화될 것이다.

완화하다　to alleviate, to moderate / 緩和する / 缓和
이번 교육 정책의 목표는 지나친 입시 경쟁을 완화하는 데에 있다.
 27, 24, 23회

왜곡하다(歪曲--)
동

to distort, to twist / 歪曲する / 扭曲
역사를 기록할 때에는 사실을 왜곡하지 않도록 해야 한다.
 28, 25회

왠지
부

somehow / 何故か / 不知为什么
처음 만난 사람인데 왠지 알고 지냈던 사람처럼 느껴진다.
 24, 23회

외관(外觀)
명

appearance, exterior / 外観 / 外观
건물의 외관은 단순하지만 내부에는 최신 기술이 사용되었다.

 기출 회차 28, 24, 23회

외교(外交)
명

diplomacy / 外交 / 外交
외교에서는 국가 간의 신뢰를 쌓는 것이 중요하다.

 기출 회차 28, 24회

외우다
동

to memorize / 覚える / 背诵
여러 번 외운 내용이었는데 막상 발표하려고 하니 생각이 나지 않았다.

 기출 회차 28, 21회

외형(外形)
명

appearance, look / 外形 / 规模
회사의 외형은 커졌지만 수익은 감소했다.

외형적   external, physical / 外形的 / 外形
사람의 외형적 모습만 보고 판단하는 것은 옳지 않다.

기출 회차 26, 23회

요건(要件)
명

requirement / 要件 / 条件
자격 요건에 맞는 사람은 누구나 지원할 수 있습니다.

기출 회차 25, 24, 21회

요긴하다(要緊--)
형

to be essential / 役に立つ / 緊要
나에게 필요 없는 물건이 다른 사람에게는 요긴할 수도 있다.
기출 회차 27, 21회

요령(要領)
명

trick, know-how / 要領 / 要領
비상 상황에서 당황하지 않도록 대피 요령을 익혀 두세요.
기출 회차 25, 22회

요소(要素)
명

element, factor / 要素 / 因素
위험 요소를 파악하여 제거하면 사고를 미리 방지할 수 있다.
기출 회차 28, 27, 25, 24, 23회

욕구(慾求)
명

desire, urge (to) / 欲求 / 欲望
사람이 욕구를 참지 못하면 동물과 다를 바가 없다.
기출 회차 28, 25, 22회

용기(勇氣)
명

courage, bravery / 勇気 / 勇气
지하철 선로에 떨어진 사람을 구한 것은 매우 용기 있는 행동이다.
기출 회차 26, 22, 21회

용도(用途)
명

use, purpose / 用途 / 用途
이 물건의 용도가 무엇인지 아는 사람이 없다.
기출 회차 28, 26, 24, 23, 21회

용이하다(容易--)
형

to be easy / 容易だ / 容易
설탕이나 소금에 절인 식품은 장기간 보존이 용이하다.

기출 회차 27, 24, 21회

우대(優待)
명

special treatment / 優待 / 优待
경로 우대 서비스는 보통 65세 이상의 노인을 대상으로 한다.

기출 회차 28, 23회

우려(憂慮)
명

concern, worry / 憂慮 / 忧虑
환경오염의 우려 때문에 친환경 제품에 대한 관심이 더욱 높아졌다.

우려하다   to be worried about / 憂慮する / 担心
부모들은 휴대폰 게임이 자녀에게 미칠 영향에 대해 우려하고 있다.

기출 회차 28, 27, 25, 24, 22, 21회

우연히(偶然-)
부

by chance, accidentally / 偶然に / 偶然
고등학교 동창을 10년 만에 우연히 길에서 다시 만났다.

기출 회차 23, 22회

우왕좌왕하다
(右往左往--)
동

to run about in confusion, to go this way and that
/ 右往左往する / 惊慌失措
사고가 발생했을 때 우왕좌왕하게 되면 피해가 더 커진다.

기출 회차 27, 22회

우주(宇宙)
명

space, the universe / 宇宙 / 宇宙
과학자들의 연구를 통해 우주의 비밀이 속속 밝혀지고 있다.
기출 회차 27, 26회

운송(運送)
명

transportation, shipping / 運送 / 运输
철도와 항공은 중요한 화물 운송 수단이다.

운송료　freight charge / 運送料 / 运输费
기름 값 상승으로 운송료 인상이 불가피하다.
기출 회차 28, 27, 22회

운항(運航)
명

flight / 運航 / 航运
태풍으로 항공기의 운항이 전면 중단되었다.

운항하다　to sail / 運航する / 运航
육지와 섬을 연결하는 여객선이 하루에 두 차례 운항하고 있다.
기출 회차 27, 25회

울타리
명

fence, fencing / 垣根 / 栅栏
우리 집과 옆집 사이에는 작은 나무들이 울타리 역할을 하고 있다.
기출 회차 24, 21회

웃돌다
동

to exceed / 上回る / 高于
8월 말까지 30도를 웃도는 더위가 지속될 전망이다.
기출 회차 28회

연습 문제

※ [1~10] 다음 (   )에 알맞은 것을 고르십시오.

1 최근에는 여러 가지 (   )로 사용할 수 있는 물건이 인기가 좋다.
　① 배치　　　　② 용도　　　　③ 견해　　　　④ 대처

2 우리 학교는 졸업의 필수 (   )에 필기시험과 논문 제출이 포함된다.
　① 계약　　　　② 내역　　　　③ 단서　　　　④ 요건

3 기업들은 수출입에 대한 규제 (   )를 정부에 요구하고 있다.
　① 실체　　　　② 완화　　　　③ 등기　　　　④ 면제

4 비행기는 화물을 대량으로 (   ) 데에 편리한 수단이다.
　① 운영하는　　② 운행하는　　③ 운송하는　　④ 운전하는

5 우리 회사는 해당 분야의 경력이 있는 사람을 (   ) 있다.
　① 우대하고　　② 수행하고　　③ 관여하고　　④ 대응하고

6 자신의 입장에 맞춰 진실을 (   ) 언론은 비판을 받아 마땅하다.
　① 배치하는　　② 인정하는　　③ 왜곡하는　　④ 가공하는

7 교통사고 이후 다리를 다쳐 (   ) 걸을 수 없게 되었다.
　① 동일하게　　② 온전하게　　③ 명확하게　　④ 느슨하게

8 길을 걷다가 (   ) 초등학교 동창을 만났다.
　① 간편히　　　② 급격히　　　③ 소홀히　　　④ 우연히

9 한겨울에 난방 장치가 고장이 나서 전기장판을 (   ) 사용했다.
　① 요긴하게　　② 능통하게　　③ 급속하게　　④ 무모하게

10 날씨가 흐린 날에는 (　　　　　) 기분이 가라앉는 것 같다.

① 미처　　　　　② 왠지　　　　　③ 심지어　　　　　④ 기필코

11 그 영화가 청소년의 정서를 해칠 수도 있다고 전문가들은 <u>걱정하고</u> 있다.

① 대비하고　　　　② 실망하고　　　　③ 우려하고　　　　④ 경고하고

12 해안이나 도시에서 멀리 떨어져 있는 오지로의 접근은 <u>쉽지</u> 않다.

① 용이하지　　　　② 선명하지　　　　③ 무관하지　　　　④ 빈번하지

13 휴대폰의 단축 번호를 사용하다 보니 친구의 전화번호도 <u>암기하지</u> 못한다.

① 다루지　　　　② 외우지　　　　③ 가려내지　　　　④ 되살리지

14 직원들은 자신들의 권리를 <u>지키기</u> 위해 적극적으로 나서기 시작했다.

① 도모하기　　　　② 설계하기　　　　③ 부각하기　　　　④ 옹호하기

15 어렸을 때 부모님이 돌아가셔서 <u>많은</u> 고생을 했지만 지금은 성공했다.

① 온갖　　　　② 모든　　　　③ 오랜　　　　④ 어떤

워낙 
부

so, very / なにしろ / 太
여동생은 워낙 키가 크고 날씬해서 어디에 가든지 눈에 띈다.

기출 회차 27, 26회

원(圓) 
명

circle / 円 / 圓
사람들이 서로 손을 잡고 동그랗게 원 모양을 만들었다.

기출 회차 28, 25회

원고(原稿) 
명

manuscript, copy / 原稿 / 原稿
원고를 마무리해서 보냈으니 머지않아 출판될 것이다.

원고료　writer's fee / 原稿料 / 稿費
작품이 선정되면 소정의 원고료를 지급합니다.

원고지　copy paper / 原稿用紙 / 稿纸
이 원고지 한 장에는 200자를 쓸 수 있는 칸이 있다.

기출 회차 24, 21회

원동력(原動力) 
명

driving force, impetus / 原動力 / 原动力
우수한 인력을 양성하는 것은 국가 발전의 원동력이 된다.

기출 회차 26, 23회

원료(原料)
명

raw material, base material / 原料 / 原料
나일론은 석유나 석탄을 원료로 만든 섬유이다.

기출 회차 27, 23, 22회

원만하다(圓滿--)

형

1. to be easygoing / 円満だ / 圓満
두 회사는 조금씩 양보하여 문제를 원만하게 해결하였다.

2. to be amicable / 円満だ / 随和
그는 회사 동료 모두와 잘 어울리는 원만한 성격의 소유자다.

기출 회차 24, 21회

원시(原始 / 元始)

명

primitive / 原始 / 原始
그 섬은 사람이 살지 않아 원시 상태의 자연이 보존되어 있다.

원시인　primitive man / 原始人 / 原始人
원시인들이 그린 동굴 벽화에서 당시의 생활을 엿볼 수 있다.

원시적　aboriginally / 原始的 / 原始的
그 프로그램은 오지에서 원시적으로 생활하는 사람들의 모습을 담았다.

기출 회차 28, 26회

원작(原作)

명

original (work) / 原作 / 原著
이 영화는 원작 소설과는 내용이 많이 다르다.

기출 회차 28, 27회

원천(源泉)

명

source, root / 源泉 / 源泉
석유는 중동 지역 국가들이 부를 쌓을 수 있는 원천이다.

기출 회차 26, 24회

원칙(原則)

명

principle, rule / 原則 / 原則
수업에 세 번 이상 지각하면 결석으로 처리하는 것이 원칙이다.

기출 회차 28, 26회

원활하다(圓滑--) 형

to be smooth, to be harmonious / 円滑だ / 通畅
출퇴근 시간이 지나자 차량의 흐름이 원활해졌다.

기출 회차 28, 22회

웬만하다 형

to be tolerable / 大概だ / 差不多
결혼 초기에는 요리를 전혀 못했지만 이제 웬만한 음식은 다 만든다.

기출 회차 25, 24, 23, 21회

위로하다(慰勞--) 동

to console, to comfort / 慰労する / 安慰
취업에 실패했을 때 친구들이 위로해 줘서 기운을 낼 수 있었다.

기출 회차 28, 27회

위성(衛星) 명

satellite / 衛星 / 卫星
통신 위성을 이용하면 올림픽을 전 세계에서 동시에 볼 수 있다.

기출 회차 27, 26회

위안(慰安) 명

comfort, consolation / 慰安 / 安慰
힘들 때마다 가족들은 내게 커다란 위안이 된다.

기출 회차 26, 25회

위주(爲主) 명

for the sake of / 中心 / 为主
최근의 산업 구조는 제조업 위주에서 서비스업 위주로 바뀌었다.

기출 회차 28, 26회

위축(萎縮)
명

shrinking / 萎縮 / 萎缩
회사의 수익 감소가 생산 및 설비 투자 위축으로 이어지고 있다.

위축되다　to be daunted, to be intimidated / 萎縮する / 萎缩
투자 심리가 위축되어 주가가 큰 폭으로 떨어졌다.

기출 회차　27, 24회

유교(儒敎)
명

confucianism / 儒敎 / 儒教
조선 시대의 지배적인 사상은 불교가 아닌 유교였다.

유교적　confucian / 儒敎的 / 儒教
유교적 사회에서는 장남의 역할이 중요했다.

기출 회차　26, 25회

유기(有機)
명

organic / 有機 / 有机
화학 비료를 사용하지 않는 유기 농법이 점차 확대되고 있다.

유기농　organic farming / 有機農法 / 有机(食品)
건강에 대한 관심이 높아짐에 따라 유기농 식품의 인기가 높다.

유기물　organic matter, organism / 有機物 / 有机物
유기물을 많이 포함하고 있는 흙은 식물이 자라기에 좋다.

기출 회차　27, 23회

유능하다(有能--)
형

to be competent, to be capable of / 有能だ / 能干
그는 회사에 없어서는 안 될 유능한 직원이다.

기출 회차　27, 26회

유독(惟獨)
부

especially / ひときわ / 唯独
올해는 여러 가지 색 중에서 유독 빨간색이 유행이다.

기출 회차　28, 26회

유래(由來)
명

origin / 由来 / 由来
선생님께서는 경복궁의 역사와 유래에 대해 설명해 주셨다.

기출 회차 28, 27, 26, 24, 23회

유리하다(有利--)
형

to be advantageous, to be favorable / 有利だ / 有利
사람은 대개 자신에게 유리한 방향으로 생각하려는 경향이 있다.

기출 회차 28, 26, 24, 23, 21회

유발하다(誘發--)
동

to arouse, to trigger / 誘発する / 导致
지나친 술과 담배는 암을 유발할 수 있다.

기출 회차 22회

유사(類似)
명

similarity / 類似 / 假冒
시중에서 유통되는 유사 휘발유는 자동차 고장의 원인이 된다.

유사성   similarity, likeness / 類似性 / 相似之处
두 영화는 촬영 방식에서 상당한 유사성을 보이고 있다.

유사점   a point of similarity / 類似点 / 相似之处
원숭이의 생활을 관찰해 보면 인간과 유사점이 있다.

유사하다   to be similar, to be alike / 類似する / 类似
며칠간 유사한 사건이 잇따라 발생하여 경찰이 조사에 나섰다.

기출 회차 28, 26, 25, 24회

유연하다(柔軟--)
형

1. to be supple / 柔軟だ / 柔软
체조 선수가 유연한 동작으로 어려운 연기를 소화해 냈다.

2. to be flexible / 柔軟だ / 灵活
힘든 상황일수록 유연하게 대처하는 자세가 필요하다.

기출 회차 28, 26, 24, 22회

유익하다(有益--)

형

to be useful, to be beneficial / 有益だ / 有益

그 출판사는 아이들 교육에 유익한 책을 많이 만든다.

기출 회차 26, 25, 21회

※ [1~10] 다음 (   )에 알맞은 것을 고르십시오.

1 선수들의 열정이 승리의 (   )이 되었다.
① 공통점　　② 상징물　　③ 가치관　　④ 원동력

2 우리 공장에서는 외국에서 수입한 (   )로 제품을 만들어 수출한다.
① 원료　　② 자료　　③ 의료　　④ 만료

3 힘든 사람에게는 작은 미소 하나가 큰 (   )이 되기도 한다.
① 공감　　② 능률　　③ 위안　　④ 반성

4 입시 (   )의 교육제도 아래에서 제대로 된 인성 교육을 기대하기 어렵다.
① 공지　　② 본래　　③ 사태　　④ 위주

5 이 책은 판소리의 (   )에 대해 자세하게 서술하고 있다.
① 유래　　② 진출　　③ 내역　　④ 문명

6 요즘 텃밭을 가꾸고 있어서 (   ) 채소는 사지 않고 먹는다.
① 솔깃한　　② 웬만한　　③ 소박한　　④ 미미한

7 농산물 수입이 크게 늘어남에 따라 국내 농업이 점점 (   ) 있다.
① 억제되고　　② 상반되고　　③ 위축되고　　④ 보류되고

8 발표자는 청중의 웃음을 (   ) 위해 재미있는 농담을 하기도 한다.
① 강요하기　　② 대비하기　　③ 보충하기　　④ 유발하기

9 양국은 서로에게 (   ) 합의를 얻기 위해 노력하였다.
① 신통한　　② 무관한　　③ 유익한　　④ 용이한

10 나는 (　　　　　　) 등산을 좋아해서 주말마다 산에 오르곤 한다.

① 미처　　　　　② 워낙　　　　　③ 비로소　　　　　④ 아울러

※ [11~15] 다음 밑줄 친 부분과 의미가 가장 비슷한 것을 고르십시오.

11 어느 지역이든지 언어는 문화가 발전하는 <u>밑바탕</u>이 된다.

① 배양　　　　　② 덕분　　　　　③ 개념　　　　　④ 원천

12 두 사람은 가족이 아닌데도 형제처럼 외모가 <u>비슷하다</u>.

① 강인하다　　　② 능통하다　　　③ 유사하다　　　④ 동일하다

13 두 회사는 조금씩 양보하여 복잡한 문제들을 <u>무난하게</u> 해결하였다.

① 확실하게　　　② 원만하게　　　③ 선명하게　　　④ 간절하게

14 사회자는 적절한 질문을 섞어 토론을 <u>유연하게</u> 진행하였다.

① 서투르게　　　② 엉뚱하게　　　③ 슬기롭게　　　④ 부드럽게

15 할머니께서는 손자 중에서 <u>유독</u> 막내를 귀여워하셨다.

① 유난히　　　　② 유유히　　　　③ 유쾌히　　　　④ 유심히

유일하다(唯----)

형

to be only, to be one and only / 唯一だ / 唯一
사고 현장에서 단 한 명만이 유일하게 구조되었다.

기출 회차 27, 22, 21회

유입(流入)

명

1. inflow / 流入 / 流入
이 장치는 홍수 발생 시 물의 유입을 막아준다.

2. influx / 流入 / 引入
외국인 노동자의 국내 유입이 해마다 늘어나고 있다.

유입되다　to flow in / 流入する / 流入
국내 시장에 투자하기 위해 막대한 해외 자금이 유입되고 있다.

기출 회차 23, 22, 21회

유전자(遺傳子)

명

gene / 遺伝子 / 遺传基因
유전자 검사를 통해 특정 질병에 걸릴 가능성을 파악할 수 있다.

기출 회차 25, 24, 23회

유죄(有罪)
명

guilt, judgement of guilty / 有罪 / 有罪
범인의 유죄를 증명할 만한 결정적인 증거가 발견되었다.

기출 회차 27, 23회

유치(誘致)
명

invitation / 誘致 / 申办
해외 각국은 올림픽 유치를 위해 치열한 경쟁을 펼치고 있다.

기출 회차 24, 23회

유해하다(有害--)
형

harmful, injurious (to) / 有害だ / 有害
아이들이 먹는 식품에 유해한 성분이 없는지 확인하는 것이 좋다.
기출 회차 27, 26, 23, 21회

유형(類型)
명

type, category / 類型 / 种类
생물의 유형은 크게 동물과 식물로 나눌 수 있다.

유형별　type, category / 類型別 / 类型
공부할 때 시험 문제를 유형별로 정리해 놓으면 도움이 된다.
기출 회차 25, 24, 23, 21회

유효(有效)
명

validity / 有効 / 有效
여권의 유효 기간이 만료되기 전에 연장 신청을 했다.
기출 회차 25, 21회

육성하다(育成--)
동

to promote / 育成する / 扶植
정부는 중소기업을 육성하기 위한 대책을 마련하고 있다.
기출 회차 28, 27회

윤리적(倫理的)
명 관

ethical, moral / 倫理的 / 道德
그의 행동은 법적으로는 유죄가 아니지만 윤리적으로 문제가 있다.
사회 질서를 유지하려면 구성원의 윤리적 행동이 필요하다.
기출 회차 25, 23, 21회

은퇴(隱退)
명

retirement, retire (from) / 隱退 / 退休
아버지께서는 은퇴 후에 고향에 내려가 농사를 짓고 계신다.

기출 회차 27, 26, 23, 22회

음향(音響)
명

sound, sound effects / 音響 / 音响
영화관의 완벽한 음향 시설 덕분에 더 큰 감동을 느낄 수 있었다.

기출 회차 26, 25회

의뢰(依賴)
명

request, commission / 依賴 / 委托
출판사에서 의뢰를 받아 원고를 준비하고 있는 중이다.

기출 회차 27, 21회

의료(醫療)
명

medical treatment(are) / 医療 / 医疗
지방 도시는 대도시에 비해 의료 기관의 수가 부족하다.

기출 회차 28, 27, 25회

의무(義務)
명

responsibility, liability / 義務 / 义务
중학교까지는 나라에서 실시하는 의무 교육을 받을 수 있다.

기출 회차 28, 26, 24, 22회

의문(疑問)
명

doubt, question / 疑問 / 可疑
경험이 없는 신입 사원이 이 일을 해낼 수 있을지 의문이다.

기출 회차 24, 22, 21회

의상(衣裳)
명

clothes, dress / 衣装 / 服装

그 가수는 화려한 의상을 입고 공연장에 들어섰다.

기출 회차 27, 25회

의심하다(疑心--)
동

to suspect / 疑う / 怀疑

다른 사람의 말을 의심하지 않고 믿었다가 손해를 본 일이 있다.

기출 회차 28, 27, 26, 22, 21회

의외(意外)
명

unexpectedely / 意外 / 意外

그렇게 열심히 공부했는데 시험에 떨어지다니 정말 의외이다.

기출 회차 28, 26, 24회

의지(意志)
명

will / 意志 / 意志

그는 의지가 강해서 힘든 일이 생겨도 쉽게 포기하지 않는다.

기출 회차 28, 27, 26, 23, 21회

이대로
부

as it is, like this / このまま / 这样

환경 파괴가 이대로 계속된다면 인류에게 엄청난 위험이 닥칠 것이다.

기출 회차 28, 27, 26회

이력(履歷) 명

backgound, personal history / 履歷 / 经历
졸업하기 전에 다양한 이력을 쌓은 것이 취업에 도움이 되었다.

이력서　resume / 履歷書 / 简历
대부분의 회사에서는 사원을 모집할 때 이력서와 자기소개서를 받는다.

기출 회차 27, 21회

이론(理論) 명

theory / 理論 / 理论
대학에서 배운 이론은 실제와 많은 차이가 있었다.

기출 회차 26, 25, 24, 23, 22회

이롭다(利--) 형

to be beneficial, to be advantageous / ためになる / 有益
건강을 위해서는 몸에 이로운 음식을 먹어야 한다.

기출 회차 27, 26, 25회

이물질(異物質) 명

foreign substance / 異物 / 异物
창틀에 이물질이 끼어 창문이 잘 닫히지 않는다.

기출 회차 28, 26, 24, 23, 21회

이변(異變) 명

extraordinary event, unexpected change / 異変 / 爆冷门
이번 대회에서 신인 선수가 우승을 차지하는 이변이 일어났다.

기출 회차 27, 26, 23회

이색적(異色的)
 명 관

unusual, out of the ordinary / 異色的 / 格调不同
한옥의 내부를 서양식으로 꾸몄더니 이색적인 분위기가 난다.
다른 나라를 여행하다 보면 이색적 풍경에 놀랄 때가 많다.

기출 회차　25, 22회

이왕(已往)
 부

already / どうせ / 既然
이왕 하기로 결정한 일이니 후회하지 않도록 열심히 해야 한다.

기출 회차　26, 24, 23회

이윤(利潤)
 명

profit, gain / 利潤 / 利润
쉬는 날도 없이 가게를 운영해도 이윤이 남지 않아 걱정이다.

기출 회차　25, 23회

이자(利子)
 명

interest / 利子 / 利息
그 은행의 예금 상품은 다른 은행에 비해 이자가 높다.

기출 회차　28, 24, 22회

이직(移職)
 명

turnover of staff / 転職 / 调职
일이 적성에 맞지 않아 다른 회사로 이직을 고려하고 있다.

이직하다　to change job / 転職する / 离职
경제 사정이 좋지 않아 이직하기가 쉽지 않다.

기출 회차　27, 21회

연습 문제

1 대학에서 우수 학생 (　　　　)를 위해 적극적으로 나서고 있다.

　① 방어　　　② 유치　　　③ 권유　　　④ 신규

2 현대 사회에서는 가족의 (　　　　)이 다양해지고 있다.

　① 계층　　　② 등록　　　③ 외관　　　④ 유형

3 여름철에는 (　　　　) 기간이 지나기 전이라도 식품이 변질되기 쉽다.

　① 유효　　　② 대처　　　③ 면역　　　④ 손상

4 우리는 환경을 잘 보전하여 후손에게 전해 줄 (　　　　)가 있다.

　① 공지　　　② 변수　　　③ 의무　　　④ 실체

5 기상 (　　　　)으로 인해 전 세계적으로 가뭄이나 홍수가 빈번하다.

　① 손상　　　② 이변　　　③ 급등　　　④ 변환

6 가공 식품은 요리하기 편하지만 몸에는 (　　　　) 않다.

　① 이롭지　　　② 해롭지　　　③ 다채롭지　　　④ 자유롭지

7 자동차의 배기가스에는 인체에 (　　　　) 물질이 많다.

　① 상이한　　　② 마땅한　　　③ 과다한　　　④ 유해한

8 아직 증거는 없지만 경찰은 그 남자를 범인으로 (　　　　) 있다.

　① 간섭하고　　　② 의심하고　　　③ 납득하고　　　④ 명심하고

9 막대한 양의 자금이 부동산 시장으로 (　　　　) 있다.

　① 유입되고　　　② 노출되고　　　③ 거듭되고　　　④ 선행되고

정답　1.② 2.④ 3.① 4.③ 5.② 6.② 7.④ 8.② 9.①

10 업무 분야가 같을 경우 (　　　　　) 때 경력을 인정받을 수 있다.

① 병행할　　　　② 이직할　　　　③ 도달할　　　　④ 권유할

11 선거에서 나온 공약을 보니 (　　　　　) 실현될 수 있을까 싶다.

① 부쩍　　　　② 미처　　　　③ 이대로　　　　④ 오로지

12 (　　　　　) 시작한 사업이니 포기하지 않고 끝까지 해 보려고 한다.

① 이왕　　　　② 마치　　　　③ 도리어　　　　④ 기필코

※ [13~15] 다음 밑줄 친 부분과 의미가 가장 비슷한 것을 고르십시오.

13 사장은 누구도 예상하지 못한 <u>뜻밖</u>의 인물을 책임자로 선정했다.

① 당초　　　　② 의외　　　　③ 논쟁　　　　④ 가상

14 기업은 <u>이윤</u>을 추구하면서도 사회적 책임을 소홀히 해서는 안 된다.

① 생존　　　　② 고용　　　　③ 이익　　　　④ 소득

15 우수한 인재를 <u>키우기</u> 위해서는 교육의 질을 높여야 한다.

① 기증하기　　　　② 도모하기　　　　③ 배치하기　　　　④ 육성하기

익다
동

1. to grow ripe / 熟す / (果実)成熟
사과가 빨갛게 익어서 맛있어 보인다.

2. to be cooked, to be done / (火が)通る / (肉)煮熟
고기가 먹기 좋게 잘 익었으니까 어서 드세요.

3. to be fermented / 熟成する / 泡熟
김치가 맛있게 익어서 옆집과 나누어 먹었다.

익히다　to ferment / 熟成させる / 酿
된장은 오래 익혀야 제맛이다.

기출 회차 28, 27, 26, 25, 24회

인공(人工)
명

artificiality / 人工 / 人工
우리 집 근처에 인공 호수가 있다.

인공수정　artificial fertilization / 人工授精 / 人工配种
요즘은 인공수정으로 태어나는 아이들이 많다.

인공위성　satellite / 人工衛星 / 人工卫星
상업적인 목적으로 인공위성을 개발한다.

인공적　artificial / 人工的 / 人工
요즘은 인공적인 멋을 살린 정원을 갖춘 주택이 인기이다.

인공호흡법　artificial respiration / 人工呼吸法 / 人工呼吸法
학생들은 학교에서 인공호흡법을 배웠다.

기출 회차 27, 24, 23, 22회

인력(人力)
명

human resources / 人力 / 劳动力
생산에 있어서 가장 중요한 것은 인력이다.

기출 회차 27, 23회

인재(人材)
명

talented person, man of ability / 人材 / 人才
이 대학교는 우수한 인재를 배출하기로 유명하다.

기출 회차 28, 27, 26, 22회

인적¹(人的)
명

human, personal / 人的 / 人才
두 회사는 투자 확대 및 인적 교류를 논의하고 있다.

기출 회차 27회

인적²(人跡)
명

human traces / 人跡 / 人迹
그 마을은 이번 폭설로 인적이 끊겼다.

기출 회차 24회

인증(認證)
명

certification, accreditation / 認證 / 认证
농민들은 우수 농산물 인증을 받기 위해 노력했다.

인증하다   to certify, to accredit / 認證する / 认可
이 제품은 국가에서 품질을 인증하고 있다.

기출 회차 28, 22회

인지하다(認知--)
동

to recognize, to perceive / 認知する / 认知
광고를 통해 제품의 이미지를 새롭게 인지하는 경우가 많다.

기출 회차 25, 21회

인체(人體)
명

human body, human organism / 人体 / 人体
도시의 매연은 인체에 심각한 영향을 준다.

기출 회차 28, 27, 26, 24회

인출(引出) ^명

withdrawal / 引出し / 提款
은행 자동화기기가 있어서 24시간 예금과 인출이 가능하다.

인출하다 to withdraw / 引き出す / 提款
나는 급히 돈이 필요해서 은행에 예금했던 돈을 모두 인출했다.

 기출 회차 27, 23회

인하(引下) ^명

price cutting / 引下げ / 降減
보험사는 무사고 운전자에 대해 보험료 인하를 결정했다.

인하하다 to dreduce, to lower / 引き下げる / 降低
정부는 내년부터 공공요금을 인하할 예정이다.

기출 회차 27, 25회

일관성(一貫性) ^명

consistency / 一貫性 / 一贯性
일관성 있는 성격이 그를 성공하게 만들었다.

일관하다 to be consistent in / 一貫する / 一贯
그는 여전히 거짓된 태도로 일관하여 사람들의 비판을 받았다.

기출 회차 25, 24회

일구다 ^동

to cultivate / 耕す / 开垦
그는 고향으로 돌아가 땅을 일구며 살고 있다.

 기출 회차 22회

일방적(一方的) ^{명 관}

unilateral, one-sided / 一方的 / 単方面
그녀는 내게 일방적으로 이별을 통보하였다.
이번 경기는 우리 팀의 일방적 승리로 끝났다.

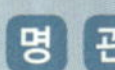 기출 회차 27, 21회

일일이(ㅡㅡ-)
부

one by one / 一つ一つ / 一一
친구들을 일일이 찾아가 청첩장을 전달했다.

기출 회차 28, 27회

일제히(一齊-)
부

all together, at the same time / 一斉に / 一齐
선생님이 교실에 들어오시자 아이들이 일제히 자리에 앉았다.

기출 회차 27, 21회

일종(一種)
명

a kind (of), a sort (of) / 一種 / 一种
스트레스는 일종의 문화병이라고 할 수 있다.

기출 회차 28, 26, 25, 21회

일차적(一次的)
명 관

primary, first / 一次的 / 首要(责任)
이번 사고의 일차적인 책임은 앞차의 운전자에게 있다.
시험의 일차적 목적은 배운 내용을 복습하는 데에 있다.

기출 회차 22, 21회

일체(一切)
명

all-in-one / 一切 / 一切
사고로 발생한 차 수리비 일체를 회사에서 부담하기로 했다.

기출 회차 24, 22회

일치(一致)
명

agreement, accord / 一致 / 一致
장시간 회의 끝에 참석자 모두가 의견의 일치를 보았다.

일치하다   to agree (with), to conform (to) / 一致する / 一致
그는 말과 행동이 일치하는 사람이라 사람들의 신뢰를 얻고 있다.

기출 회차 28, 27, 24회

일품(一品) 명

a unique article beyond comparison / 逸品 / 极品
그 식당은 천연 재료로 요리를 하기 때문에 음식 맛이 일품이다.

기출 회차 26, 21회

임금(賃金) 명

wage(s), pay / 賃金 / 工资
물가는 오르는데 임금은 여전히 그대로이다.

기출 회차 24, 23, 22, 21회

임무(任務) 명

assignment, task / 任務 / 任务
그녀는 맡은 임무를 훌륭히 수행하였다.

기출 회차 23, 22회

입력하다(入力--) 동

to enter, to put in / 入力する / 输入
선물을 받으려면 해당 홈페이지에 개인 정보를 입력하세요.

기출 회차 27, 21회

입증하다(立證--) 동

to prove, to demonstrate / 立証する / 证明
그는 자신의 무죄를 입증하기 위해 노력했다.

기출 회차 23, 21회

입지(立地) 명

position / 立地 / 立足之地
그는 사업 실패로 자신의 입지가 좁아졌다는 것을 알게 되었다.

기출 회차 28회

잇따르다
동

to happen one after another, to occur in succession
/ 相次ぐ / 相继
이번 폭설로 고속도로에서 차량 접촉 사고가 잇따랐다.
기출 회차 26, 25회

자각(自覺)
명

self-awareness, self-consciousness / 自覚 / 自觉
민주화 운동은 국민이 주인이라는 자각을 갖게 하였다.
기출 회차 24회

자극하다(刺戟--)
동

to stimulate / 刺激する / 刺激
방금 구운 빵 냄새가 코를 자극했다.
기출 회차 26, 25, 23, 21회

ㅈ

※ [1~8] 다음 (   )에 알맞은 것을 고르십시오.

1 지하자원이 부족한 우리나라는 (   ) 자원을 잘 활용해야 한다.
① 인생　　　　② 인적　　　　③ 인지　　　　④ 인문

2 새로 생긴 공원의 한가운데에는 거대한 (   ) 폭포가 있다.
① 인물　　　　② 인조　　　　③ 인공　　　　④ 인상

3 회원 가입을 하려면 실명 (   )을 받아야 한다.
① 동감　　　　② 동참　　　　③ 인감　　　　④ 인증

4 그 병은 (   ) 증상이 없어 발견했을 때에는 이미 늦는다.
① 자각　　　　② 유행　　　　③ 상식　　　　④ 기능

5 아이들을 노린 범죄가 (   ) 시민들은 공포에 떨고 있다.
① 잇따르자　　② 나타나자　　③ 떠오르자　　④ 부서지자

6 내년에는 대학 등록금을 5% (   )로 결정했다.
① 강조하기　　② 변경하기　　③ 개발하기　　④ 인하하기

7 돈을 찾으려면 비밀 번호를 (   ) 합니다.
① 입력해야　　② 계약해야　　③ 구분해야　　④ 양보해야

8 카페에 들어서자 커피 냄새가 코를 (   ).
① 작동했다　　② 공유했다　　③ 자극했다　　④ 연결했다

※ [9~14] 다음 밑줄 친 부분과 의미가 가장 <u>비슷한</u> 것을 고르십시오.

9 그가 이번에 새로 맡은 <u>임무</u>는 신제품 홍보이다.
　① 역할　　　② 감상　　　③ 경험　　　④ 상태

10 그는 재산 <u>일체</u>를 학교에 기부했다.
　① 성과　　　② 전부　　　③ 일부　　　④ 권리

11 그가 회의장에 들어서자 사람들이 <u>일제히</u> 그를 쳐다보았다.
　① 모두　　　② 각자　　　③ 혼자　　　④ 괜히

12 연구자들은 동물 실험을 통해 신약의 효과를 <u>입증했다</u>.
　① 의논했다　　　② 고려했다　　　③ 증명했다　　　④ 복원했다

13 소비자들이 이번 신제품을 제대로 <u>인지하지</u> 못해서 판매에 어려움이 있다.
　① 경계하지　　　② 인용하지　　　③ 경쟁하지　　　④ 인식하지

14 개인의 이익과 국가의 이익이 <u>부합하지</u> 않는 경우도 종종 있다.
　① 복구하지　　　② 도모하지　　　③ 일치하지　　　④ 관여하지

※ [15] 다음 (　　　)에 공통적으로 들어갈 단어를 고르십시오.

15　고구마가 알맞게 잘 (　　　) 먹으면 되겠다.
　시어머니가 담그신 간장이 잘 (　　　) 맛이 좋다.
　한 나무에 열린 과일이라도 (　　　) 시기가 모두 다르다.

　① 맞다　　　② 익다　　　③ 겪다　　　④ 알다

자금(資金) 명

funds, money / 資金 / 资金
사업을 하기 위해서는 어느 정도의 운영 자금이 필요하다.

기출 회차 26, 23, 22회

자동화(自動化) 명

automation / 自動化 / 自动化
우리 공장은 업무 자동화를 통해 생산 비용을 줄일 수 있었다.

기출 회차 27, 22회

자라나다 동

to grow up, to be raised / 成長する / 成长
한창 자라나는 아이들에게는 영양이 골고루 필요하다.

기출 회차 25, 24회

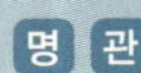

자발적(自發的) 명 관

voluntarily, spontaneously / 自発的 / 主動
이제는 기업도 환경을 지키기 위한 자발적 노력을 기울여야 할 때이다.
회원들의 자발적인 참여 덕분에 행사를 잘 마칠 수 있었다.

기출 회차 24, 22회

자원봉사(自願奉仕) 명

volunteer work, voluntary service / ボランティア / 志愿服务
최근에는 자원봉사 활동을 통해 삶의 보람을 느끼는 사람들이 많다.

기출 회차 22회

자율권(自律權)
 명

have right of self-control / 自律権 / 自律权
학교의 규정도 중요하지만 학생의 자율권 보장이 우선되어야 한다.
기출 회차 25, 24회

자질(資質)
명

talent, qualification / 資質 / 素质
그는 과학자로서의 훌륭한 자질을 지니고 있다.
기출 회차 27, 21회

자치(自治)
 명

self-governing / 自治 / 自治
지방 자치 단체들은 저마다 자기 지역의 축제를 홍보하고 있다.
기출 회차 25, 23회

작용(作用)
명

action, effect / 作用 / 作用
웃음은 인체에 좋은 작용을 하여 건강 유지에 도움을 준다.

작용하다 to act, to work (on) / 作用する / 作用
출산율 저하는 국가 경제에 부담으로 작용할 수 있다.
기출 회차 28, 26, 25, 23, 22회

잔해(殘骸)
 명

wreckage, remains / 殘骸 / 残骸
사고 지점에서 멀리 떨어진 곳에서 비행기의 잔해를 발견했다.
기출 회차 27, 25회

잘잘못
명

right and wrong / 是非 / 是非
지금 중요한 것은 누구의 잘잘못을 따지는 것이 아니다.

기출 회차 24, 22회

잠시
부

for a while, for a moment / ちょっと / 暫時
잠시 실례하겠습니다.

기출 회차 26, 22회

잡아당기다
동

to pull, to tug / 引っ張る / 拉拽
그가 돌아서려는 그녀의 팔을 강하게 잡아당겼다.

기출 회차 26, 25, 21회

장기(臟器)
명

organ / 臟器 / 脏器
장기를 기증하는 것은 여러 사람을 살릴 수 있는 멋진 일이다.

장기이식   organ transplant / 臟器移植 / 脏器移植
장기이식을 받은 아이가 건강하게 자라고 있다.

기출 회차 27, 26, 23회

장기적(長期的)
명 관

long-term / 長期的 / 长期的
주식에 투자할 때에는 장기적인 안목으로 판단해야 한다.
우리는 인생의 장기적 목표를 세우고 꾸준히 노력해야 한다.

기출 회차 27, 26, 24, 21회

장만하다
동

to prepare, to purchase / 準備する / 准备
어머니는 손님을 맞이하기 위해 음식을 이것저것 장만하셨다.

기출 회차 28, 26회

장비(裝備)
명

equipment, apparatus / 裝備 / 设备
촬영팀은 촬영 장비를 모두 챙겨서 다음 장소로 이동했다.

기출 회차 26, 25, 24, 22회

장신구(裝身具)
명

accessory, jewelry / 裝身具 / 首饰
여성의 장신구는 옛날에도 화려하고 다양한 것이 많았다.

기출 회차 27, 26회

장애(障礙碍)
명

disability / 障害 / 障碍
그 사람은 장애를 극복하고 마라톤에서 우승을 차지했다.

장애인　disabled person / 障害者 / 残疾人
4월 20일은 장애인의 날이다.

기출 회차 25, 23, 21회

장차(將次)
부

in the future / 将来 / 将来
저는 장차 이 나라를 책임질 만한 자리까지 오르고 싶습니다.

기출 회차 27, 26회

장치(裝置)
명

installation, device / 裝置 / 装置
이 회의실은 냉방 장치를 완벽하게 갖추고 있다.

기출 회차 28, 26, 24, 23, 21회

재계약(再契約)
명

renewal of the contract / 再契約 / 续约
이 건물은 2년 후에 재계약이 가능하다.

기출 회차 27, 23회

재구성(再構成)
명

reconstitution / 再構成 / 重新组合
이해를 돕기 위해 책의 내용을 간단한 그림으로 재구성을 했다.

재구성하다　to reconstitute, to reorganize / 再構成する / 重新组织
회사를 살리려면 이번 기회에 조직을 재구성해야 할 필요가 있다.

기출 회차　28, 26, 25회

재능(才能)
명

talent (for), gift (for) / 才能 / 才能
그 아이는 어릴 때부터 음악에 특별한 재능을 보였다.

기출 회차　27, 26, 24, 22, 21회

재정(財政)
명

finance(s), financial affairs / 財政 / 財政
요즘 그 회사는 재정 상태가 나빠져서 대책 마련이 시급하다.

기출 회차　23, 21회

재취업(再就業)
명

reemployment / 再就業 / 重新就业
요즘은 재취업을 하기 위해 노력하는 사람들이 많다.

기출 회차　27회

재판(裁判)
명

trial, suit / 裁判 / 审判
주차 문제로 시작된 사소한 말다툼이 재판으로까지 이어졌다.

기출 회차　28, 27, 26, 23회

재평가(再評價)
명

revaluation, reappraisal / 再評価 / 重新评价
소설가가 죽은 후에야 비로소 그의 작품이 재평가를 받고 있다.

기출 회차　28, 24회

재해(災害)
명

disaster, calamity / 災害 / 灾害
환경 파괴로 인한 자연 재해가 늘어나고 있다.

기출 회차 23, 22회

재현하다(再現--)
동

to reproduce / 再現する / 重演
범인은 사람들 앞에서 사고 당시의 상황을 재현했다.

기출 회차 27, 25, 22, 21회

재활(再活)
명

rehabilitation, remedial exercise / リハビリテーション(リハビリ) / 康复
그는 사고 당한 후에 열심히 노력하여 재활에 성공했다.

기출 회차 28, 27, 21회

재활용(再活用)
명

recycling, recycle, reuse / リサイクル / 再利用
환경을 보호하기 위해 자원 재활용에 힘써야 한다.

기출 회차 26, 23회

저가(低價)
명

low price, cheap price / 低価、安価、廉価 / 廉价
새해에 고향에 가기 위해 값이 싼 저가 항공권을 예약했다.

기출 회차 28, 26회

저마다
부

each, respectively / それぞれ / 各自
사람들은 저마다 살아가는 지혜를 가지고 있다.

기출 회차 24회

※ [1~8] 다음 (   )에 알맞은 것을 고르십시오.

1 성균관은 조선 시대에 인재 양성을 위해 설립한 (   )의 교육 기관이다.
① 과제　　　　② 기준　　　　③ 부가　　　　④ 일종

2 국가는 (   )를 방지하고 국민을 안전하게 보호하기 위해 힘써야 한다.
① 재해　　　　② 견해　　　　③ 배치　　　　④ 사태

3 컴퓨터를 이용한 사무 (   )로 일 처리 속도가 한결 빨라졌다.
① 가속화　　　　② 자동화　　　　③ 평준화　　　　④ 구체화

4 환경 보호를 위해서는 시민들의 (   ) 참여가 필요하다.
① 역사적　　　　② 소극적　　　　③ 성공적　　　　④ 자발적

5 우리 가게에서는 (   ) 종이로 만든 컵을 사용한다.
① 재계약　　　　② 재도전　　　　③ 재활용　　　　④ 재평가

6 그 회사는 항공 사업에 (   ) 투자를 결정하였다.
① 일반적　　　　② 장기적　　　　③ 예술적　　　　④ 인간적

7 가정과 학교는 (   ) 아이들에게 올바른 가치관을 심어 주어야 한다.
① 자라나는　　　　② 나타나는　　　　③ 늘어나는　　　　④ 달아나는

8 가족과 함께 살 집을 (   ) 것이 나의 꿈이다.
① 장만하는　　　　② 재현하는　　　　③ 보충하는　　　　④ 발휘하는

※ [9~15] 다음 밑줄 친 부분과 의미가 가장 비슷한 것을 고르십시오.

9 그 아이는 <u>앞으로</u> 이 나라를 이끌어 갈 중요한 인물이 될 것이다.

① 장차　　　　② 별로　　　　③ 흔히　　　　④ 끝내

10 이 노래방은 방음 <u>장치</u>가 완벽하게 갖추어져 있다.

① 요소　　　　② 기구　　　　③ 설비　　　　④ 위치

11 세계 시장에 진출하려면 전반적인 사업 구조의 <u>재편성</u>이 필요하다.

① 재생성　　　　② 재확인　　　　③ 재구성　　　　④ 재사용

12 엄마와 딸은 결혼을 앞두고 혼수를 <u>장만하러</u> 다녔다.

① 준비하러　　　　② 구성하러　　　　③ 공급하러　　　　④ 제출하러

13 그녀는 타고난 예술적 <u>재능</u>을 지니고 있었다.

① 감정　　　　② 능력　　　　③ 기억　　　　④ 개념

14 동물의 위는 음식을 소화시키는 <u>작용</u>을 하는 곳이다.

① 경관　　　　② 속성　　　　③ 기능　　　　④ 수집

15 <u>잠시</u> 외출한 사이에 부모님이 다녀가셨다.

① 굳이　　　　② 약간　　　　③ 간혹　　　　④ 잠깐

저소득층(低所得層)
명

low-income bracket, lower-income group / 低所得層 / 低收入層
정부는 형편이 어려운 저소득층에 쌀을 지원했다.

기출 회차 22, 21회

저작권(著作權)
명

copyright / 著作権 / 著作权
그 음악의 저작권은 작곡가에게 있다.

기출 회차 25, 23회

저절로
부

by itself, naturally / 自然に / 自动
이 문은 자동문이어서 사람들이 앞에 서면 저절로 열린다.

기출 회차 24, 21회

저조하다(低調--)
형

to be poor, to be low / 低調だ / 低落
이번 선거는 특히 20대의 투표율이 저조했다.

기출 회차 28, 26회

저지르다
동

to commit, to make / 犯す / 犯下
두 번 다시 같은 실수를 저지르면 안 될 것이다.

기출 회차 28, 25회

저항(抵抗)
명

resistance, resistance movement / 抵抗 / 抗议
그 사람의 의견은 사람들의 강력한 저항에 부딪쳤다.

저항력　resistance, tolerance / 抵抗力 / 抵抗力
노인과 아이는 저항력이 약해서 병에 걸리기 쉽다.

저항하다　to resist / 抵抗する / 抵抗
범인은 끝까지 저항했지만 결국 잡히고 말았다.

기출 회차 28, 26, 25, 24, 22, 21회

적시다
동

1. to wet / 濡らす / 弄湿
땀이 비 오듯 흘러 얼굴을 적시고 옷도 흠뻑 적셨다.

2. to wet / 潤す / 润湿
그의 아름다운 노래는 내 마음을 촉촉하게 적셔 주었다.

기출 회차 28, 24회

적어도
부

at least, at the (very) least / 少なくとも / 至少
내가 보기에 그는 적어도 50세는 넘었을 것이다.

기출 회차 27, 26회

적응력(適應力)
명

adaptability / 適応力 / 适应能力
적응력이 약해지면 환경의 작은 변화에도 병에 걸리기 쉽다.

적응하다 to adapt, to adjust / 適応する / 适应
동생이 새로운 직장에 잘 적응할 수 있을지 걱정이 된다.

기출 회차 24, 23, 21회

적정(適正)
명

optimum level / 適正 / 适当
겨울철 실내의 적정 온도는 20℃이다.

기출 회차 25, 24, 22회

적합하다(適合--)
형

to be suitable, to be appropriate / 適する / 适合
이 강은 수심이 얕아서 수영을 하기에 적합하다.

기출 회차 26, 24회

전개(展開)
명

development / 展開 / 情节
이 소설은 이야기 전개가 너무 복잡해서 이해하기가 어렵다.

기출 회차 27, 21회

전력(電力)
명

electricity, (electric) power / 電力 / 电力
여름철이 되자 전력 소비량이 폭발적으로 증가했다.

기출 회차 28, 27, 24회

전면¹(全面)
명

overall / 全面 / 全面
그 법은 지난해부터 전면 시행되었다.

기출 회차 27, 21회

전면²(前面)
명

forepart, front view / 前面 / 前面
이 집은 전면이 바다이고, 후면이 산이다.

기출 회차 28회

전반(全般)
명

the whole gamut / 全般 / 全部
교수들은 학교 전반의 문제점에 관해 활발한 토론을 벌였다.

기출 회차 26, 25, 24, 23회

전산망(電算網)
명

computer network / 電算網 / 电脑网络
철도청 전산망의 고장으로 열차표 발매가 일시 중단되었다.

기출 회차 28, 26회

전설(傳說)  명

legend / 伝説 / 传说
이 나무에 정성을 다해 기도를 하면 아들을 낳는다는 전설이 있다.
기출 회차 27, 23회

전적(全的)  명

record, score, completely / 全的 / 完全
그녀는 결혼하자는 그의 말에 전적으로 동의했다.
기출 회차 28회

전파(傳播)  명

spread, propagation / 伝播 / 传播
동양의 문물이 실크로드를 통해 서양으로 전파가 되었다.

전파하다   to spread out, to propagate / 伝播する / 传播
그 연예인은 기부 문화를 전파하는 데 앞장서고 있다.
기출 회차 24, 23, 22회

전폭적(全幅的)   명 관

wholehearted, full / 全幅的 / 全力
이 연구는 회사의 전폭적인 지원으로 성공할 수 있었다.
그는 국민들의 전폭적 지지를 통해 대통령이 되었다.
기출 회차 27, 24

전형(銓衡)  명

selection / 選考 / 審核
그 대학은 서류 전형을 거쳐 신입생을 뽑는다.
기출 회차 27, 23, 21회

전환(轉換)
명

change, conversion / 転換 / 转换
우울할 때 재미있는 영화를 보면 기분 전환이 된다.
기출 회차 27, 25, 24, 21회

절감하다(節減--)
동

to reduce expenses, to cut expenses / 節減する / 节减
제품의 경쟁력을 키우려면 불필요한 광고 비용을 절감해야 한다.
기출 회차 28, 27회

절차(節次)
명

procedure (for), process (of) / 手続き / 步骤
그 나라는 입국 절차가 까다로운 편이다.
기출 회차 26, 24, 22, 21

접근(接近)
명

approach / 接近 / 接近
경찰이 사고 현장에서 사람들의 접근을 막고 있다.

접근하다   to approach, to get close to / 接近する / 靠近
그녀는 자신의 목적을 위해 그에게 의도적으로 접근했다.
기출 회차 27, 25, 24, 23회

접목하다(接目--)
동

to graft, to integrate / 組み合わせる / 结合
국악과 대중가요를 접목해서 새로운 음악을 탄생시켰다.
기출 회차 28, 23회

접촉하다(接觸--)
동

to contact / 接触する / 接触

도시에서는 자연과 접촉할 기회가 그리 많지 않다.

 28, 26회

정감(情感)
명

warmth / 情感 / 感情

우리 할머니의 목소리는 따뜻하고 부드러워서 정감이 있다.

 25, 23회

정겹다(情--)
형

to be warm, to be affectionate / 情愛に満ちる / 亲切

도시에서 오래 살다 보니 고향의 정겨운 분위기가 그립다.

 24, 22회

ㅈ

연습 문제

※ [1~8] 다음 (   )에 알맞은 것을 고르십시오.

1 여름철이 되자 (   ) 사용이 폭발적으로 증가하고 있다 .

① 작업　　　　② 정보　　　　③ 제도　　　　④ 전력

2 너는 그 행동에 대해 (   )으로 책임을 져야 할 것이다.

① 미적　　　　② 극적　　　　③ 전적　　　　④ 인적

3 이곳은 위험 지역이라 일반인들은 (   )이 금지되어 있다.

① 접근　　　　② 유입　　　　③ 제한　　　　④ 접착

4 그녀는 부모님의 (   )인 지원으로 마침내 꿈을 이루었다.

① 간접적　　　　② 전폭적　　　　③ 소극적　　　　④ 자발적

5 마지막으로 실기 (   )을 통과하면 최종 합격이다.

① 자극　　　　② 적성　　　　③ 기준　　　　④ 전형

6 며칠 동안 야근을 해서 그런지 앉아 있는데도 자꾸 눈이 (   ) 감긴다.

① 대체로　　　　② 기필코　　　　③ 저절로　　　　④ 단번에

7 남북한은 이번 달에 판문점에서 (   ) 합의했다.

① 접속하기로　　② 강요하기로　　③ 강화하기로　　④ 접촉하기로

8 불황으로 대학 졸업자뿐만 아니라 사회 전반적으로 취업률이 (   ).

① 조용하다　　　② 저조하다　　　③ 유사하다　　　④ 적당하다

※ [9~14] 다음 밑줄 친 부분과 의미가 가장 비슷한 것을 고르십시오.

9 이 책은 한글을 <u>전파하는</u> 데 큰 도움이 될 것이다.
① 보급하는   ② 전사하는   ③ 보상하는   ④ 전시하는

10 목욕을 하기에 <u>적합한</u> 온도로 물을 데웠다.
① 신통한   ② 적당한   ③ 정확한   ④ 당연한

11 범인은 끝까지 <u>저항했지만</u> 결국 경찰에게 잡히고 말았다.
① 반항했지만   ② 동의했지만   ③ 운항했지만   ④ 동반했지만

12 학생이라면 <u>최소한</u> 하루에 한 시간 이상은 공부를 해야 한다.
① 그다지   ② 적어도   ③ 더구나   ④ 마침내

13 도서관에서 책을 빌리려면 정해진 <u>절차</u>를 따라야 합니다.
① 기구   ② 단서   ③ 순서   ④ 기회

14 난방비를 <u>절감하기</u> 위해서 옷을 많이 입었다.
① 분해하기   ② 분비하기   ③ 절전하기   ④ 절약하기

※ [15] 다음 (　　　　)에 공통적으로 들어갈 단어를 고르십시오.

15
나는 커피로 입술을 (　　　) 생각에 잠겼다.
그들은 바닷물에 발을 (　　　) 바닷가를 걸었다.
영화에 나왔던 그 음악이 내 마음을 (　　　) 주었다.

① 적시다   ② 담그다   ③ 흔들다   ④ 묻히다

정규(正規) 명

regular, formal / 正規 / 正式
그는 정규 교육도 제대로 못 받았지만 대학에 합격하였다.

정규직 regular job / 正職 / 正式员工
그 회사는 정규직 사원보다 계약직 사원이 많다.

기출 회차 28, 25, 21회

정당성(正當性) 명

legitimacy, justification / 正当性 / 正当性
정치 권력의 정당성은 국민의 동의에 의해 유지될 수 있는 것이다.

기출 회차 27, 21회

정면(正面) 명

front, in front of / 正面 / 正面
승용차가 중앙선을 넘어 마주 오던 트럭과 정면으로 충돌하였다.

기출 회차 23회

정밀하다(精密--) 형

to be precise, to be accurate / 精密だ / 精密
검사 결과가 안 좋으니 정밀한 검사를 받아 보는 것이 좋겠다.

기출 회차 22, 21회

정의(定義) 명

definition / 定義 / 定义
예술에 대한 정의는 시대마다 조금씩 차이를 보인다.

기출 회차 22, 21회

정작 명

actually, really / 肝心 / 却
모임에 대해 적힌 종이에는 정작 약속 장소가 빠져 있었다.

기출 회차 24, 21회

정착(定着)
명

settlement, settle (down) / 定着 / 定居
먹을 것을 찾아다니던 인류는 농사를 지으면서 정착 생활을 시작했다.
기출 회차 26, 23회

제외하다(除外--)
동

to exclude, to rule out / 除外する / 除外
오늘 참가자들은 한 사람을 제외하고 모두 남자였다.
기출 회차 28, 26, 24, 22회

제자리걸음
명

mark time, going round in circles / 足踏み / 原地踏步
환경오염이 심각한데 국가의 환경보호 정책은 아직 제자리걸음이다.
기출 회차 28, 21회

조각
명

piece (of), bit (of), slice (of) / 切れ端 / 碎片
그 아이는 그림 조각을 맞추느라 정신이 없었다.
기출 회차 26, 25, 21회

조급하다(躁急--)
형

to be impatient / 早急だ / 着急
별일 없을 테니 너무 조급하게 생각하지 말고 느긋하게 기다리자.
기출 회차 26, 25, 23회

조기(早期)
명

early / 早期 / 早期
요즘은 아이들의 지능 발달을 위한 조기교육이 관심을 끌고 있다.
기출 회차 26, 24회

조립하다(組立--) 
동

to assemble / 組み立てる / 组装
자동차 부품을 조립하려면 많은 시간과 노력이 요구된다.

기출 회차 24, 22회

조명(照明) 
명

lamp, light / 照明 / 灯光
이 조명은 실내를 따뜻하고 편안한 분위기로 만들어 준다.

기출 회차 28, 24, 23회

조상(祖上)
명

ancestor, statue / 祖先、先祖 / 祖先
조상들은 우리에게 꼭 필요한 삶의 지혜를 남겨 주었다.

기출 회차 27, 25회

조작(造作) 
명

operation, manipulation / 操作 / 操作
이 물건은 조작이 쉬워서 사용하기에 편리하다.

기출 회차 28, 23회

조화(調和)
명

harmony, balance (of/between) / 調和 / 协调
전통과 현대가 조화를 이룬 건축 디자인이 인기를 끌고 있다.

조화롭다　to be harmonious / 調和している / 和谐
그들의 목소리가 조화롭게 어울려 아름다운 노래를 만들어 냈다.

기출 회차 27, 26, 25, 23회

존중하다(尊重--) 
동

to respect / 尊重する / 尊重
선생님은 학생들의 개성을 존중하고 이해해 줘야 한다.

기출 회차 26, 25, 24회

종(種)
명

species / 種(生物) / 种(生物)
최근 급격한 기후변화로 인해 동식물의 종 구성이 단순해지고 있다.
기출 회차 26, 25, 24회

종사자(從事者)
명

people who work in a certain field / 從事者 / 从事者
서비스업의 남녀 종사자 수에서 남자가 좀 더 많은 것으로 나타났다.
기출 회차 24, 21회

종일(終日)
명

all day long, the whole day / 終日 / 整天
아침에 나간 강아지가 종일 돌아오지 않아 걱정이다.
기출 회차 26, 25회

종전(從前)
명

previous / 從前 / 以往
그 요리 연구가는 종전의 전통적인 방식을 그대로 고수하고 있다.
기출 회차 25, 21회

종종(種種)
부

occasionally, from time to time / 時々 / 往往
맑은 날에도 비가 내리는 경우가 종종 있다.
기출 회차 27, 25, 24, 23, 22, 21회

좌우(左右)
명

left and right, from side to side / 左右 / 左右
이 길의 좌우에는 아름다운 나무들이 늘어서 있다.

좌우되다　to be influenced / 左右される / 摆布
현대사회의 경제는 힘의 논리에 의해 좌우되기도 한다.
기출 회차 28, 26, 21회

주고받다
동

to exchange / 交わす / 交谈
여행을 하면서 만난 사람들과 인생에 대한 이야기를 주고받았다.

기출 회차 25, 23회

주기(週期)
명

period, cycle / 周期 / 周期
요즘은 유행의 주기가 점점 짧아지는 것 같다.

기출 회차 28, 25회

주력하다(注力--)
동

to concentrate on, to focus on / 力を注ぐ / 致力
회사는 소비자 성향에 맞는 제품 개발에 주력하고 있다.

기출 회차 28, 26, 22, 21회

주름
명

wrinkle / しわ / 皱纹
그녀의 얼굴에 있는 주름에서 힘들었던 젊은 시절을 엿볼 수 있었다.

기출 회차 28, 21회

주머니
명

pocket / 懐 / 手头儿(紧)
주머니 사정이 좋지 않아 함께 돈을 모아서 선생님의 선물을 샀다.

기출 회차 26, 22회

주먹
명

1. fist / 拳 / 拳头
그는 화를 많이 내면서 주먹으로 벽을 치고 있다.

2. palmful / 握り / (満)手
아이가 손에 사탕을 한 주먹 쥐고 있다.

기출 회차 28, 24회

주무르다
동

to massage, to rub down / 揉む / 揉搓
매일 저녁 아버지는 할머니의 어깨를 주물러 드린다.
기출 회차 27, 22회

주민(住民)
명

resident, inhabitant / 住民 / 居民
아파트 재건축이 주민들의 반대에 부딪혀서 시작되지 못하고 있다.
기출 회차 26, 25, 23회

주범(主犯)
명

main culprit / 主犯 / 元凶
자동차 매연은 대기오염의 주범으로 알려져 있다.
기출 회차 23회

주식(株式)
명

stock, share / 株式 / 股票
전문적인 지식이 없이 주식시장에 뛰어든다면 실패할 확률이 높다.
기출 회차 28, 27, 26회

주어지다
동

to be given, to be allowed / 与えられる / 给予
점심시간 후에 자유 시간이 주어지자 관광객들은 각자 기념품을 샀다.
기출 회차 28, 26, 24, 21회

줄거리
명

summary, outline / あらすじ / 梗概
선생님께서 최근에 읽은 책의 줄거리와 감상을 적어 오라고 하셨다.
기출 회차 24, 23회

※ [1~11] 다음 (   )에 알맞은 것을 고르십시오.

1 그녀는 (   ) 미술 교육을 받지 못했지만 유명한 화가가 되었다.
① 실체 　　　　　② 정규 　　　　　③ 무인 　　　　　④ 동일

2 암을 고치기 위해서는 (   ) 발견과 치료가 필요하다.
① 예전 　　　　　② 만료 　　　　　③ 별개 　　　　　④ 조기

3 지구는 하루를 (   )로 하여 스스로 돌아 밤과 낮을 만든다.
① 주위 　　　　　② 주기 　　　　　③ 주사 　　　　　④ 주제

4 그들은 입으로는 민주주의를 주장했지만 (   ) 달라진 것은 없다.
① 정작 　　　　　② 대개 　　　　　③ 단지 　　　　　④ 본래

5 반대 입장에 놓인 사람들의 의견을 (   ) 않는 자세는 빨리 사라져야 하겠다.
① 존중하지 　　　② 보류하지 　　　③ 동반하지 　　　④ 숙지하지

6 이 집은 가구와 벽의 색이 (   ) 이루어져 따뜻한 느낌을 주었다.
① 자비롭게 　　　② 조화롭게 　　　③ 애처롭게 　　　④ 날카롭게

7 떡을 만들 때에는 반죽을 많이 (   ) 맛이 좋아진다.
① 주물러야 　　　② 부추겨야 　　　③ 되살려야 　　　④ 터트려야

8 아무 일 없을 테니 (   ) 말고 조금만 기다려 보자.
① 신통해하지 　　② 미흡해하지 　　③ 조급해하지 　　④ 비참해하지

9 이 장난감 비행기는 설명서를 따라하면 누구나 쉽게 (   ) 수 있다.
① 결합할 　　　　② 부합할 　　　　③ 조립할 　　　　④ 수립할

10 김치의 맛은 신선한 재료와 만드는 모든 과정에 의해 (   ).

① 거듭된다   ② 좌우된다   ③ 선행된다   ④ 관련된다

11 그 수영 선수는 이번 대회에서 (   )의 기록을 깼다.

① 별반   ② 종전   ③ 마감   ④ 도중

※ [12~15] 다음 밑줄 친 부분과 의미가 가장 비슷한 것을 고르십시오.

12 그 건물은 이 주변에서 시청을 <u>제외하고</u> 가장 규모가 크다.

① 빼고   ② 꺼내고   ③ 모으고   ④ 자라나고

13 그들은 평소에 잘 아는 사이라 만나자마자 이야기를 <u>주고받았다</u>.

① 뭉쳤다   ② 나눴다   ③ 다스렸다   ④ 뒤집었다

14 이 음악을 들으면 어렸을 때 친구와 뛰놀던 때가 <u>종종</u> 생각난다.

① 불과   ② 이미   ③ 자주   ④ 미처

15 정부는 물가 중 특히 생활필수품의 가격을 잡는 데 <u>주력하겠다고</u> 밝혔다.

① 자라겠다고   ② 뭉치겠다고   ③ 비비겠다고   ④ 힘쓰겠다고

줄기
명

stem / 茎 / 茎
그 나무는 물을 많이 주어서인지 줄기가 검게 변해 있었다.

기출 회차 27, 25회

중독(中毒)
명

1. addiction / 中毒 / 中毒
게임에 중독이 되면 현실과 상상의 세계를 구분하지 못할 수 있다.

2. poisoning, be poisoned / 中毒 / 中毒
연탄가스에 중독이 되면 생명을 잃을 수도 있다.

기출 회차 26, 23, 21회

중세(中世)
명

the Middle Ages, medieval times / 中世 / 中世
중세에 지어진 성당은 창문에 햇빛이 비칠 때 한층 아름답게
빛난다.

기출 회차 25, 22회

중소기업(中小企業)
명

small and medium-sized businesses / 中小企業 / 中小企业
중소기업에서 만든 제품의 품질과 성능도 대기업 제품만큼
훌륭하다.

기출 회차 28, 21회

중시하다(重視--)
동

to put emphasis on, to lay strerss on / 重視する / 重視
요즘 사람들은 자신의 건강을 무엇보다 중시하는 경향이 있다.

기출 회차 28, 27, 26, 25, 24, 23, 22회

증거(證據)
명

evidence, proof / 証拠 / 证据
증거가 부족해서 그를 범인이라고 확신할 수 없었다.
기출 회차 27, 26, 21회

증대(增大)
명

increase / 増大 / 增加
새로운 농작물 재배가 농가의 소득 증대를 가져왔다.
기출 회차 27, 22회

증명서(證明書)
명

certification / 証明書 / 证明书
장학금을 신청하려면 성적 증명서를 제출해야 한다.

증명하다　to prove, to verify / 証明する / 証明
세금 혜택을 받으려면 가족 관계를 증명하는 서류가 필요하다.
기출 회차 27, 25, 23, 21회

증빙(證憑)

명

evidence, proof / 証憑 / 凭证
이 제안서는 증빙 자료와 함께 오늘 저녁까지 메일로 보내 주세요.
기출 회차 27, 25, 24회

증언(證言)

명

testimony / 証言 / 证言
증인은 재판에서 거짓 증언을 하면 처벌을 받겠다는 선서를 했다.
기출 회차 26, 22회

지니다
동

1. to keep, to wear / つける / 携帯
그녀는 어머니가 준 목걸이를 항상 몸에 지니고 다닌다.

2. to cherish / 秘める / 珍藏
그는 첫사랑의 추억을 평생 동안 가슴속에 지니고 살았다.

3. to have / 持つ / 拥有
그녀는 착하고 친절한 성격을 지니고 있어 언제나 인기가 많다.

4. to have, to keep / 保つ / 具有
그는 나이가 들었어도 어릴 때의 모습을 그대로 지니고 있다.

기출 회차 27, 26, 22, 21회

지르다
동

to yell out, to shout out / 張り上げる / 喊叫
선물을 받은 아이는 기분이 좋아서 소리를 지르며 방을 뛰어다녔다.

기출 회차 28, 26회

지름길
명

shortcut / 近道 / 捷径
성실한 태도와 도전 정신은 성공의 지름길이라고 할 수 있다.

기출 회차 28, 24, 21회

지배하다(支配--)
동

1. to dominate, to govern / 支配する / 支配
동물의 세계는 강자가 약자를 지배하는 원리를 가지고 있다.

2. to control / 支配する / 左右
어렸을 때의 경험이 인생을 지배하는 경우가 간혹 있다.

기출 회차 28, 26, 21회

지불하다(支拂--)
동

to pay, to make a payment / 支払う / 支付
그들은 식사를 다 마친 뒤 돈을 지불하고 식당을 나갔다.

기출 회차 28, 25, 22회

지수(指數)
명

index, quotient / 指数 / 指数
자외선 지수가 높을 때 햇빛을 직접 받는 것은 피부에 좋지 않다.
기출 회차 25, 22회

지시하다(指示--)
동

to direct, to give instructions / 指示する / 指示
사장은 부장에게 신입 사원들의 교육을 강화하라고 지시했다.
기출 회차 27, 25회

지연되다(遲延--)
동

to be postponed, to be delayed / 遲延する / 延迟
아직 도착하지 않은 학생들이 있어서 출발 시간이 지연되고 있다.
기출 회차 26, 25, 21회

지위(地位)
명

status, position / 地位 / 地位
여성 운동이 활발히 전개되면서 여성의 지위가 많이 향상되었다.
기출 회차 28, 26, 21회

지장(支障)
명

inconvenience, difficulty / 支障 / 危害
그는 교통사고로 크게 다치기는 했지만 생명에는 지장이 없었다.
기출 회차 28, 27, 25, 21회

지적(指摘)
명

comment / 指摘 / 指出
이 드라마는 진행이 빨라 이해하기가 어렵다는 지적이 많다.

지적하다   to point out / 指摘する / 指责
그녀는 언론이 역할을 제대로 하지 못하고 있다고 지적했다.
기출 회차 26, 25, 23, 21회

지점(地點)
명

point, spot, place / 地点 / 地点
심한 바람과 폭우 때문에 경찰이 사고 지점에 도착하지 못하고 있다.

기출 회차 28, 26, 25, 23회

지지하다(支持--)
동

to support, to back up / 支持する / 支持
그 후보는 자신을 지지해 준 국민들에게 고마움을 전했다.

기출 회차 25, 24회

지탱하다(支撐--)
동

to sustain / 持ち堪える / 支撑
아버지는 주위 사람들의 도움으로 사업을 겨우 지탱하고 계신다.

기출 회차 28, 25회

지향하다(志向--)
동

to aim / 志向する / 导向
일자리 창출은 일시적이 아닌 안정적인 형태를 지향해야 한다.

기출 회차 27, 25회

지형(地形)
명

topography, geographical features / 地形 / 地势
이곳은 지형의 특징으로 인해 홍수가 자주 발생한다.

기출 회차 23, 22회

지혜(智慧)
명

wisdom, sagacity / 知恵 / 智慧
그는 지혜와 용기를 갖춘 훌륭한 지도자이다.

지혜롭다 to be wise / 賢い / 机智
금융 위기를 지혜롭게 극복할 수 있는 방법을 모색해야 한다.

기출 회차 28, 21회

직접적(直接的)
명 관

direct, immediate / 直接的 / 直接
수입 농산물은 우리나라의 농업을 직접적으로 위협하고 있다.
그가 회사를 그만두게 된 직접적 원인은 상사와의 갈등이다.

기출 회차 22, 21회

진단서(診斷書)
명

medical certificate, (written) diagnosis / 診斷書 / 诊断书
아파서 학교에 못 나올 경우 병원에서 진단서를 끊어 제출해야 한다.

진단하다 to make a diagnosis of / 診斷する / 诊断
의사들은 환자를 진단한 후 수술을 하기로 결정하였다.

기출 회차 25, 23, 21회

진료(診療)
명

medical treatment / 診療 / 诊疗
의사는 환자의 증상을 들은 후에 진료를 시작한다.

진료비 medical expenses / 診療費 / 诊费
이 병원은 진료비가 없는 사람들에게 주말마다 무료로 진료를 한다.

기출 회차 25, 24회

진실(眞實)
명

honest, truth / 真実 / 真相
사건의 진실을 밝히기 위해서는 국민들의 관심이 필요하다.

기출 회차 28, 27, 24, 22, 21회

진심(眞心)
명

sincerely / 真心 / 衷心
많은 사람들이 그의 성공을 진심으로 기뻐해 주었다.

기출 회차 25, 22회

진출(進出)
명

advance, entry / 進出 / 进入
여성의 사회 진출이 크게 늘었을 뿐 아니라 분야도 다양해졌다.

진출하다 to penetrate, to enter / 進出する / 进军
이 회사는 막대한 투자를 받아 세계시장으로 진출하게 되었다.

기출 회차 27, 26, 23회

※ [1~12] 다음 (   )에 알맞은 것을 고르십시오.

1 설문에 응답한 청소년의 반 이상이 심각한 인터넷 (   )이었다.
　　① 실정　　　　　② 증상　　　　　③ 책임　　　　　④ 중독

2 소설은 지어낸 이야기이지만 그 안에 인생에 대한 (   )을 담고 있다.
　　① 진실　　　　　② 논쟁　　　　　③ 신용　　　　　④ 전설

3 장학금을 신청하려면 관련 (   ) 자료를 제출해야 한다.
　　① 증빙　　　　　② 별도　　　　　③ 단서　　　　　④ 변환

4 목격자들이 서로 엇갈린 (   )을 하고 있어 수사가 혼란에 빠졌다.
　　① 증언　　　　　② 소통　　　　　③ 분쟁　　　　　④ 위안

5 인간의 평균수명이 늘어난 (   )인 요인은 의학의 발달이라고 할 수 있다.
　　① 상업적　　　　② 권위적　　　　③ 직접적　　　　④ 독립적

6 광고 회사들은 필기시험 외에 면접과 실기를 매우 (   ).
　　① 왜곡한다　　　② 중시한다　　　③ 부과한다　　　④ 동조한다

7 나는 지금까지 했던 노력들이 결코 무의미하지 않았다는 것을 (   ) 싶었다.
　　① 증명하고　　　② 관찰하고　　　③ 담당하고　　　④ 중단하고

8 선생님은 학생들에게 교실을 청소하라고 (   ).
　　① 과시했다　　　② 지시했다　　　③ 보충했다　　　④ 선사했다

9 폭우 때문에 열차 도착이 (   ) 바람에 많은 승객들이 불편을 겪었다.
　　① 부각되는　　　② 노출되는　　　③ 발생되는　　　④ 지연되는

10 그는 자동차의 상태를 (　　　　　) 보기 위해서 엔진의 소리를 들어 보았다.

　① 경계해　　　　② 분해해　　　　③ 진단해　　　　④ 수호해

11 우리는 법안 통과 과정에서 원칙이 무시되었다는 점을 (　　　　　) 않을 수 없었다.

　① 배치하지　　　② 지적하지　　　③ 긍정하지　　　④ 연상하지

12 그 전쟁은 오랫동안 나라를 (　　　　　) 왕에 대한 국민들의 도전이었다.

　① 지배한　　　　② 동반한　　　　③ 수행한　　　　④ 강요한

※ **[13~14] 다음 밑줄 친 부분과 의미가 가장 비슷한 것을 고르십시오.**

13 이번 사업은 한 사람의 힘으로 <u>지탱하기</u> 어렵기 때문에 힘을 합쳐야 한다.

　① 비례하기　　　② 의지하기　　　③ 인지하기　　　④ 유지하기

14 옷을 입어 보던 사람들이 옷을 입은 채 값을 <u>지불하지</u> 않고 나갔다.

　① 쓰지　　　　　② 내지　　　　　③ 새기지　　　　④ 빼앗지

※ **[15] 다음 (　　　　　)에 공통적으로 들어갈 단어를 고르십시오.**

15
> 그는 아버지가 주신 시계를 항상 (　　　　) 있었다.
> 그 미술품은 값으로 따질 수 없는 가치를 (　　　　) 있는 것 같다.
> 상대방이 (　　　　) 단점까지도 사랑하는 것이 진정한 사랑이다.

　① 걸치다　　　　② 매기다　　　　③ 지니다　　　　④ 갖추다

진화(進化)
명

evolution / 進化 / 进化
지구의 모든 생물은 일정한 진화의 과정을 거쳐 왔다.
기출 회차 26, 24회

질환(疾患)
명

disease, illness / 疾患 / 疾病
대기 오염이 심해지면서 호흡기 질환을 앓는 환자들이 늘고 있다.
기출 회차 26, 23, 22회

짐작하다(斟酌--)
동

to guess, to assume / 汲み取る、察する / 揣測
사람의 평소 행동을 보면 성격을 쉽게 짐작할 수 있다.
기출 회차 28, 25, 24, 21회

집다
동

to pick up / 拾う / 捡起
그는 몸을 구부려 바닥에 떨어진 동전들을 집었다.
기출 회차 24, 23회

집단(集團)
명

group / 集団 / 集体
두 집단 사이의 논쟁은 자금 문제 때문인 것으로 알려졌다.
기출 회차 26, 23, 22회

짝수(-數)
명

even number / 偶数 / 偶数
선물의 수가 짝수라서 둘이 똑같이 나누어 가질 수 있었다.
기출 회차 26, 21회

쫓다
동

to pursue, to chase / 追い掛ける / 驱逐
범인들이 차를 타고 도망가자 경찰차가 그 뒤를 쫓았다.
기출 회차 27, 23회

쭉
부

stretch out / ぐっと / (伸)直
그는 책상 끝에 있는 책을 잡으려고 팔을 쭉 뻗었다.
기출 회차 28, 27, 25, 24, 23회

찌르다
동

to stab, to prick / 刺す / 穿刺
그녀는 고기가 익었는지 살펴보기 위해서 젓가락으로 찔러 보았다.
기출 회차 28, 27회

차갑다
형

to be cold, to be icy / 冷たい / (冰)凉
차가운 겨울비를 맞고 집에 들어오니 따뜻한 차를 마시고 싶었다.
기출 회차 28, 23회

차곡차곡
부

in a neat pile neatly / きちんと / 一点一点
조금씩 저축한 돈이 차곡차곡 쌓여 어느새 큰돈이 되었다.
기출 회차 26, 24, 22회

차량(車輛)
명

car, (motor) vehicle / 車両 / 车辆
휴가 기간 동안 고속도로는 차량들로 가득했다.
기출 회차 27, 26, 23, 21회

차마
부

intolerably / どうしても / 忍心
미안해하는 아이의 얼굴을 보니 차마 화를 낼 수 없었다.

기출 회차 25, 23, 21회

차원(次元)
명

level, dimension / 次元 / 角度
아이들의 교육비를 준비하는 차원에서 교육 보험을 들기로 했다.

기출 회차 25, 17회

착각하다(錯覺--)
동

to delude / 錯覚する / 误认为
그녀는 현실과 상상의 세계를 착각할 때가 종종 있다.

기출 회차 22, 21회

착용하다(着用--)
동

to fasten / 着用する / 系好
비행기가 이륙할 예정이오니 안전벨트를 착용해 주시기 바랍니다.

기출 회차 26, 25회

참신하다(參神--)
형

to be fresh, to be novel / 斬新だ / 新颖
이번 신제품 개발 회의에서 참신한 의견이 많이 나왔다.

기출 회차 28, 27, 22, 21회

창출하다(創出--)
동

to create / 創出する / 创出
정부에서는 청년 일자리를 창출하기 위해 새로운 대책을 마련했다.

기출 회차 23, 22회

채용(採用)
명

recruitment, employment / 採用 / 雇佣
올해 우리 회사는 신입 사원 채용을 늘리기로 했다.

기출 회차 23, 21회

채우다
동

to fill in, to stuff / 詰める / 填満
바쁜 나를 위해 어머니께서 냉장고에 음식을 가득 채워 주셨다.

기출 회차 28, 25, 24, 21회

채찍질하다
동

to whip / 鞭打つ / 鞭策
그는 항상 스스로를 채찍질하여 최고의 자리에 올랐다.

기출 회차 24, 23회

채택되다(採擇--)
동

to be chosen, to be adopted / 採択される / 被列入
태권도는 2000년 시드니 올림픽 때 정식 종목으로 채택되었다.

기출 회차 26, 24회

챙기다
동

to pack / まとめる / 准备
그는 짧은 시간에 짐을 챙겨서 여행을 떠났다.

기출 회차 25, 22회

처하다(處--)
동

to face, to encounter / 処する / 处于
선생님은 내가 어려움에 처했을 때 많은 도움을 주셨다.

기출 회차 27, 22회

천식(喘息)
명

asthma / 喘息 / 喘息
담배를 많이 피운 탓에 천식이 악화되었다.

기출 회차 25, 23회

천연(天然)
명

natural / 天然 / 天然
최근에는 천연 재료로 만든 비누가 인기를 끌고 있다.

기출 회차 27회

천체망원경
(天體望遠鏡)
명

astronomical telescope / 天体望遠鏡 / 天文望远镜
그는 천체망원경으로 밤하늘의 별을 관찰하는 취미가 있다.

기출 회차 23회

천편일률적
(千篇一律的)
명 관

monotonous, almost the same / 千編一律的 / 千遍一律
학생들이 낸 쓰기 숙제들이 거의 천편일률적으로 비슷했다.
성형수술로 인한 천편일률적 외모를 비판하는 사람들이 많다.

기출 회차 24, 21회

철저히(徹底-)
부

thoroughly / 徹底的に / 彻底
경찰은 교통신호를 위반한 차량을 철저히 단속하기로 하였다.

기출 회차 27, 23회

철학(哲學)
명

philosophy / 哲学 / 哲学
철학은 인간이 살아가는 데에 있어 중요한 원리를 다루는 학문
이다.

기출 회차 26, 25, 22회

첨단 (尖端)
명

up-to-date, state-of-the-art / 先端 / 尖端
공상 과학 영화는 첨단 기술을 많이 사용해 제작한다.
기출 회차 25, 22회

체계 (體系)
명

system / 体系 / 体系
복잡하던 신호 체계를 바꾸어 교통 문제를 해결했다.
기출 회차 28, 26, 21회

체념하다 (諦念--)
동

to be resigned to / 諦める / 断念
그는 불가능한 일에 대해서는 빨리 체념하는 편이다.
기출 회차 28, 26회

체력 (體力)
명

strength, stamina / 体力 / 体力
건강하지 않으면 아무것도 할 수 없기 때문에 체력을 길러야 한다.
기출 회차 27, 23, 21회

체제 (體制)
명

system, regime / 体制 / 体制
시장경제 체제에서는 수요와 공급에 따라 가격이 결정된다.
기출 회차 21회

ㅊ

※ [1~12] 다음 (   )에 알맞은 것을 고르십시오.

1 그 제약 회사는 심장 (   )을 예방하는 새로운 약을 개발했다.
① 악용　　　② 질환　　　③ 불안　　　④ 손실

2 국제 교류가 활발해지면 국가 (   )의 새로운 정책이 필요하다.
① 절차　　　② 사상　　　③ 간섭　　　④ 차원

3 학교에서 급식을 먹은 아이들이 (   )으로 배탈이 났다.
① 무인　　　② 냉방　　　③ 집단　　　④ 수동

4 출퇴근 시간에는 모든 (   )이 사람들로 꽉 차 있다.
① 부문　　　② 내역　　　③ 차량　　　④ 대형

5 그 회사는 (   ) 시기를 정하지 않고 수시로 인원을 보충하고 있다.
① 채용　　　② 신용　　　③ 적용　　　④ 복용

6 아버지는 다 읽은 신문을 선반 위에 (   ) 쌓아 정리하셨다.
① 차곡차곡　　　② 대롱대롱　　　③ 살금살금　　　④ 깜빡깜빡

7 울고 있는 친구를 그냥 둔 채로 (   ) 돌아설 수 없었다.
① 미처　　　② 차마　　　③ 여간　　　④ 굳이

8 이 책은 (   ) 내용과 줄거리를 갖추어 많은 사람에게 읽히고 있다.
① 선명한　　　② 미세한　　　③ 동일한　　　④ 참신한

9 기본 (   )을 기르기 위해서 매일 산책을 하는 것이 좋다.
① 소양　　　② 체력　　　③ 안목　　　④ 능률

정답 1. ② 2. ④ 3. ③ 4. ③ 5. ① 6. ① 7. ② 8. ④ 9. ②

10 그 회사는 신제품의 판매 부진으로 어려움에 (   ) 되었다.

① 가하게   ② 원하게   ③ 속하게   ④ 처하게

11 우체국에서는 바뀐 주소 (   )에 따라 편지를 분류한다.

① 도구   ② 체계   ③ 등기   ④ 구별

12 피곤할 때에는 욕조에 따뜻한 물을 (   ) 뒤에 몸을 담그면 좋다.

① 채운   ② 흘린   ③ 닥친   ④ 남긴

※ [13~15] 다음 밑줄 친 부분과 의미가 가장 비슷한 것을 고르십시오.

13 김 선생님은 어릴 때부터 나를 <u>쭉</u> 지켜보신 분이다.

① 계속   ② 문득   ③ 유독   ④ 마치

14 제목만으로 내용을 <u>짐작하기</u> 어려우므로 끝까지 읽는 게 좋겠다.

① 실현하기   ② 보완하기   ③ 기여하기   ④ 추측하기

15 그녀는 자신의 병을 아는 순간 모든 것을 <u>체념했다</u>.

① 도모했다   ② 포기했다   ③ 명심했다   ④ 발휘했다

초기(初期)
명

the early part, the early stage / 初期 / 初期
이번 건강진단에서 초기에 암을 발견해 수술을 했다.

기출 회차 28, 26, 24, 23, 22회

초라하다
형

to be shabby, to be humble / みすぼらしい / 寒碜
비에 젖은 옷 때문에 그는 더욱 작고 초라해 보였다.

기출 회차 28, 26회

초래하다(招來--)
동

to bring about, to result in / 招く / 导致
급속한 산업 발전은 각종 환경오염을 초래하고 있다.

기출 회차 22, 21회

초점(焦點)
명

focus, focal point / 焦点 / 着眼
제품의 특성에 초점을 맞추어 광고를 만들어야 한다.

기출 회차 28, 25, 24, 23, 21회

초조하다(焦燥--)
형

to be nervous, to be restless / いらいらする / 焦急
시간이 지날수록 범인은 초조한 눈빛을 보였다.

기출 회차 26, 24, 22회

촉구하다(促求--)
동

to urge, to demand / 促す / 敦促
시민 단체들은 정부가 환경보호에 앞장설 것을 촉구했다.

기출 회차 28, 26, 24, 23회

촉진하다 (促進--)
동

to promote / 促進する / 促进
중소기업에 대한 투자를 촉진하는 것이 경제를 살리는 일이다.

기출 회차 23, 22회

최신 (最新)
명

the newest / 最新 / 最新
새로 지어진 건물은 최신의 보안 시스템을 모두 갖추고 있다.

최신형　the latest model / 最新型 / 最新式样
그는 부모님의 도움으로 최신형 컴퓨터를 샀다.

기출 회차 28, 26, 25, 23회

최종 (最終)
명

final, the last / 最終 / 最终
경찰은 비행기의 날개가 부러져 사고가 났다고 최종 발표했다.

최종적　lastly / 最終的 / 最终
그 일의 최종적인 책임은 저에게 있습니다.

기출 회차 26, 25, 24회

추상적 (抽象的)
명 관

abstract, abstractly / 抽象的 / 抽象
그의 이야기는 항상 추상적이어서 납득하기가 어렵다.
추상적 개념을 가진 단어를 설명하는 것은 어렵다.

기출 회차 27, 25회

추세 (趨勢)
명

trend, tendency / 趨勢 / 趋势
소고기 수입량이 늘어나서 가격이 떨어지는 추세에 있다.

기출 회차 28, 24, 21회

ㅊ

추월하다 (追越--)
동

to overtake / 追い越す / 超越
그는 앞에 달리고 있는 차를 추월하기 위해 속도를 냈다.

기출 회차 23, 21회

추정하다 (推定--)
동

to estimate, to presume / 推定する / 推断
경찰은 이 사건이 어젯밤 11시쯤에 일어난 것으로 추정하고 있다.

기출 회차 27, 22회

추진 (推進)
명

enforcement / 推進 / 推行
전문가들은 정부의 새로운 금융 정책 추진을 높이 평가했다.

추진하다　to propel, to carry forward / 推進する / 推进
인건비 절감을 위해 해외 공장 설립을 추진하는 기업들이 많다.

기출 회차 28, 27, 25, 24, 23회

축소하다 (縮小--)
동

to reduce, to downsize / 縮小する / 缩小
경제가 어려울수록 기업들이 사업의 규모를 축소하는 경향이 있다.

기출 회차 25, 22회

출력하다 (出力--)
동

to print out / 出力する / 打印
회의 시작 전에 서류를 출력하여 준비하세요.

기출 회차 25, 22회

출산 (出産)
명

childbirth, delivery / 出産 / 分娩
그녀는 첫아이 출산 후에 건강에 더욱 신경을 쓰게 되었다.

기출 회차 28, 22회

출시하다(出市--)
동

to release, to launch / 発売する / 上市
제품을 출시한 후에는 시장의 반응을 잘 살펴보아야 한다.

기출 회차 28회

출전(出戰)
명

participation / 出場 / 参(赛)
다리를 다쳐서 경기에 출전을 할 수 없게 되었다.

출전하다 to participate in, to take part in / 出場する / 参加
그 선수는 올림픽에 출전하여 좋은 성적을 내었다.

기출 회차 28, 26, 23회

출판(出版)
명

publication / 出版 / 出版
그녀는 그동안 써 둔 시들을 모아 시집 출판을 준비하고 있다.

기출 회차 21회

충격(衝擊)
명

impact, shock / 衝撃 / 震惊
친한 친구의 교통사고 소식에 큰 충격을 받았다.

기출 회차 28, 27, 25, 24, 22회

충돌(衝突)
명

1. crash / 衝突 / 碰撞
기차 충돌 사고가 나서 한동안 운행이 중단되었다.

2. conflict / 衝突 / 冲突
두 집단의 의견 충돌로 인해 회의 시간이 길어지고 있다.

충돌하다 to come into collision / 衝突する / 碰撞
안개가 심하게 끼어 마주 오던 자동차와 트럭이 충돌하였다.

기출 회차 27, 24, 23회

충족하다(充足--)
동

to satisfy / 満たす / 满足
좋은 성적을 받았지만 부모님의 높은 기대를 충족하지 못했다.
기출 회차 27, 22회

취급하다(取扱--)
동

to handle, to deal with / 取扱う / 销售
이 가게는 등산 용품을 전문적으로 취급하는 곳이다.
기출 회차 28, 24회

취지(趣旨)
명

purpose, aim / 趣旨 / 宗旨
어려운 이웃을 돕는다는 취지로 봉사 활동을 시작했다.
기출 회차 28, 24회

측면(側面)
명

side, aspect / 側面 / 方面
최근 30년간 정치, 사회, 문화적인 측면에서 급속한 변화가 있었다.
기출 회차 27, 25, 24, 22, 21회

측정하다(測定--)
동

to measure, to gauge / 測定する / 测定
측우기는 빗물의 양을 측정하는 기구이다.
기출 회차 28, 26, 24, 22회

치중하다(置重--)
동

to concentrate on / 重点を置く / 侧重
자기 나라의 이익에만 치중하다 보면 국제 관계가 나빠질 수 있다.
기출 회차 28, 26회

친화적(親和的)
명

friendly / 親和的 / 亲和
많은 회사들이 자연 친화적인 제품을 만들기 위해 노력하고 있다.

기출 회차 24, 23회

침몰(沈沒)
명

sinking / 沈没 / 沉没
유조선의 침몰로 기름이 흘러 나와 바다가 오염되고 있다.

기출 회차 23, 22회

침체하다(沈滯--)
동

to lag, to be depressed / 沈滯する / 不景气
그 가수의 새 음반은 침체한 음악 시장에 활력을 불어넣었다.

기출 회차 26, 25회

ㅊ

※ [1~11] 다음 (　　　　)에 알맞은 것을 고르십시오.

1 계단에서 넘어져 허리에 (　　　　)을 받아 며칠 동안 입원해야 했다.

① 충격　　　　② 재활　　　　③ 굴곡　　　　④ 번식

2 역사를 평가할 때에는 그 시대의 여러 (　　　　)을 고려할 필요가 있다.

① 측면　　　　② 소송　　　　③ 변환　　　　④ 균형

3 과학기술의 발전으로 모든 전자 제품의 크기가 소형화되는 (　　　　)이다.

① 사태　　　　② 경로　　　　③ 기구　　　　④ 추세

4 지방자치단체마다 (　　　　)을 장려하기 위해 임산부에게 다양한 혜택을 주고 있다.

① 출장　　　　② 출산　　　　③ 출신　　　　④ 출근

5 요즘 젊은이들을 보면 (　　　　) 유행만 고집하는 것 같아서 안타깝다.

① 근래　　　　② 별도　　　　③ 최신　　　　④ 고대

6 그의 증언은 사건의 악화를 (　　　　) 결과를 가져오고 말았다.

① 수정하는　　　　② 초래하는　　　　③ 부합하는　　　　④ 가공하는

7 시민 단체는 물가의 안정을 위해 정부의 대책 마련을 (　　　　).

① 유발했다　　　　② 구현했다　　　　③ 촉구했다　　　　④ 접목했다

8 이 작품의 상태를 봐서는 고려 시대의 것으로 (　　　　) 볼 수 있다.

① 부과해　　　　② 왜곡해　　　　③ 고집해　　　　④ 추정해

9 정부는 중소 도시 발전을 위해 공공 기관과 대학 유치를 (　　　　) 예정이다.

① 접속할　　　　② 추진할　　　　③ 복제할　　　　④ 신축할

10 그는 이번 대회에 (   ) 선수 중 가장 강력한 우승 후보로 꼽힌다.

① 동반한　　　　② 수긍한　　　　③ 대응한　　　　④ 출전한

11 프린터가 고장이 나서 문서를 (   ) 수 없었다.

① 생성할　　　　② 제작할　　　　③ 출력할　　　　④ 기획할

※ **[12~15] 다음 밑줄 친 부분과 의미가 가장 비슷한 것을 고르십시오.**

12 이번에 생산된 불량품들은 무리하게 인원을 <u>줄였기</u> 때문에 발생했다.

① 보완했기　　　② 축소했기　　　③ 수락했기　　　④ 감당했기

13 서울시는 대기 오염 상태를 <u>측정하기</u> 위해 도로마다 기계를 설치했다.

① 서술하기　　　② 수립하기　　　③ 관측하기　　　④ 발휘하기

14 학교 교육은 아이들의 재능을 키우는 데 <u>초점</u>을 두어야 한다.

① 속성　　　　　② 요건　　　　　③ 중점　　　　　④ 세력

15 올림픽을 준비하는 선수들의 <u>마지막</u> 목표는 메달을 따는 것이다.

① 승패　　　　　② 최상　　　　　③ 승부　　　　　④ 최종

<table>
<tr><td>

침해하다(侵害--)
동

</td><td>

to invade, to violate / 侵害する / 侵害
국민의 권리를 무시하고 인권을 침해하는 것은 정당하지 못하다.
기출 회차 23회

</td></tr>
<tr><td>

타격(打擊)
명

</td><td>

blow, hit / 打撃 / 打击
전문적인 땅 투기는 국민 경제에 심각한 타격을 줄 수 있다.
기출 회차 28, 26회

</td></tr>
<tr><td>

타고나다
동

</td><td>

to be born with, to be gifted (with) / 持って生まれる、生れ付く / 天生
이번 경기에서 그 선수의 타고난 재능이 명확히 증명되었다.
기출 회차 27, 26회

</td></tr>
<tr><td>

타당성(妥當性)
명

</td><td>

validity / 妥当性 / 合理性
그 제안은 타당성이 있어 보이지만 앞뒤가 맞지 않는 부분이 많다.
타당하다 to be reasonable, to be proper / 妥当だ / 恰当
너의 주장이 논문에 실리려면 좀 더 타당한 근거를 제시해야 한다.
기출 회차 27, 26, 24회

</td></tr>
<tr><td>

타인(他人)
명

</td><td>

others, other people / 他人 / 別人
자신의 종교를 타인에게 무조건 강요해서는 안 된다.
기출 회차 27, 22, 21회

</td></tr>
<tr><td>

타협(妥協)
명

</td><td>

compromise / 妥協 / 妥协
회사와 근로자 간의 의견 차이가 컸지만 원만하게 타협하여 임금 문제를 해결했다.
기출 회차 28, 24회

</td></tr>
</table>

탁월하다(卓越--)
형

to be excellent, to be outstanding / 卓越だ / 卓越
그 작가는 사진을 찍는 기술이 아주 탁월하다.

기출 회차 28, 23, 22회

탄생(誕生)
명

birth, creation / 誕生 / 诞生
그의 작품은 인간의 탄생과 죽음에 대해서 이야기하고 있다.

기출 회차 24회

탄탄하다
형

1. to be athletic, to be robust / がっちりしている / 坚实
매일 운동을 하는 그는 나이에 비해 탄탄한 근육을 자랑한다.

2. to be firm / しっかりしている / 严密
핸드볼 팀이 탄탄한 조직력을 바탕으로 올림픽에서 우승을 했다.

기출 회차 25, 21회

탈락하다(脫落--)
동

to fail, to be eliminated / 脱落する / 淘汰
우승을 예상했던 그 선수가 예선에서 탈락하자 모두가 놀랐다.

기출 회차 28, 23회

탑승객(搭乘客)
명

passenger / 搭乗客 / 乘客
탑승객들은 비행기가 도착하기도 전에 짐을 챙기기 시작했다.

기출 회차 25, 23회

탓
명

reason / せい / 原因
봄 날씨가 너무 건조한 탓에 피부가 많이 거칠어졌다.

기출 회차 27, 23회

택배(宅配)
 명

parcel (delivery) service / 宅配 / 宅配(快运)
눈이 많이 내린 탓인지 택배가 조금씩 늦게 도착되고 있다.

기출 회차 27, 24회

터득하다(攄得--)
 동

to master, to learn / 会得する / 领悟
온돌은 한국인이 오랜 역사 속에서 터득한 삶의 지혜이다.

기출 회차 25, 23회

터지다
 동

1. to burst, to pop / 割れる / 爆破
풍선이 터지는 소리에 깜짝 놀라 주위를 살폈다.

2. to break up / 湧き出す / 放声(笑)
연극을 보는 내내 터지는 웃음을 참을 수 없었다.

3. to get bloody noses / 出る / 涌出
벽에 코를 부딪히는 바람에 코피가 터지고 말았다.

4. to be open (place) / 開く / 敞开
주변에 아무것도 없고 사방이 터진 곳이라 더욱 춥게 느껴졌다.

기출 회차 27, 22회

텅
 부

hollow, an empty / がらんと / 空荡荡
회의가 끝나자마자 사람들이 모두 나가고 회의장은 텅 비었다.

기출 회차 25, 24회

톡톡
 부

tap, tap / ポンポン / 啪啪
누군가 뒤에서 내 어깨를 톡톡 건드렸다.

기출 회차 23, 22회

통(桶)
명

container, bucket, tank / 容器 / 桶
아이들이 장난을 치다가 설탕이 담긴 통을 쏟아 버렸다.
기출 회차 24, 22회

통계(統計)
명

statistics / 統計 / 统计
통계에 따르면 올 상반기는 실업률이 감소할 전망이다.
기출 회차 25, 23, 21회

통과하다(通過--)
동

to pass through / 通過する / 通过
최종 면접시험에 통과하면 바로 내일부터 출근할 수 있다.
기출 회차 26, 21회

통로(通路)
명

passage, way, path / 通路 / 通道
새로 생긴 시장은 가게와 가게 사이의 통로가 넓고 깨끗하다.
기출 회차 28, 23회

통신(通信)
명

communication, correspondence / 通信 / 通讯
정보 통신 기술의 발달로 인하여 인간의 삶이 더 편리해졌다.
기출 회차 27, 25, 24, 23, 21회

통일되다(統一---)
동

be be united / 統一される / 统一
유럽 대부분의 국가에서는 통일된 화폐를 사용하고 있다.
기출 회차 28, 26회

통증(痛症)
명

pain, ache, agony / 痛み / 疼痛
교통사고로 허리를 다치면서 통증이 한층 심해졌다.

기출 회차 22, 26, 24, 23, 22회

투자(投資)
명

investment / 投資 / 投资
해외에 투자를 하는 사람들은 현지의 상황을 잘 파악해야 한다.

투자금 investment / 投資金 / 投资资金
그 회사 사정이 어려지면서 투자금을 돌려받기가 힘들어졌다.

투자비 investment / 投資費 / 投资费
정부는 막대한 투자비를 들여 고속 철도를 건설하기로 했다.

투자자 investor / 投資者 / 投资者
주가 폭락의 원인에 대해 투자자들 사이에서 의견이 엇갈렸다.

투자처 investment market / 投資先 / 投资对象
적당한 투자처를 찾고 있지만 마땅한 대상이 없다.

투자하다 to invest / 投資する / 投资
장애인 복지시설에 투자하는 회사에 세금 면제 혜택이 있다.

기출 회차 28, 27, 26, 25, 24, 23, 21회

투표(投票)
명

vote, poll / 投票 / 投票
투표는 국민들이 직접 정치에 참여하는 방법 중의 하나이다.

기출 회차 28, 26, 22회

튀다
동

1. to spatter / 跳ねる / 濺
우산을 썼지만 비가 너무 많이 와서 옷에 온통 빗물이 튀었다.

2. to splash / 目立つ / 招眼
그 드라마에는 톡톡 튀는 인물이 많아 보는 재미가 있다.

기출 회차 26, 23, 22회

특수(特殊)
명

special / 特殊 / 特殊
소방관이 입는 옷은 열이 전달되지 않도록 특수 재료로 만들어
졌다.

특수성　special characteristics / 特殊性 / 特殊性
지역의 특수성을 고려하여 관광 산업을 발달시켜야 한다.
기출 회차 28, 26, 25, 22회

특이하다(特異--)
형

to be odd, to be peculiar / 特異だ / 特別
그의 목소리는 매우 특이해서 한 번만 들어도 다른 사람과 구별
된다.
기출 회차 25, 23, 22회

특허(特許)
명

patent / 特許 / 专利
새로 발명한 제품이 특허를 받게 되어 매우 기뻤다.
기출 회차 24, 23회

※ [1~10] 다음 (   )에 알맞은 것을 고르십시오.

1 (   )을 위해 자신의 목숨을 버리는 일은 결코 쉽지 않다.

① 성인　　　　② 타인　　　　③ 개인　　　　④ 시인

2 다음 주 총회에서 (   )로 새 대표를 뽑을 예정입니다.

① 단서　　　　② 이해　　　　③ 역할　　　　④ 투표

3 (   )의 발달로 해외에 있는 친구와도 자주 연락할 수 있게 되었다.

① 보험　　　　② 방송　　　　③ 통신　　　　④ 언론

4 피부염은 그 (   )은 금방 사라지지만 완전히 낫기까지는 몇 주 걸린다.

① 생명　　　　② 통증　　　　③ 생존　　　　④ 증명

5 문제 해결을 위해 노사 간의 대화와 (   )의 자세가 요구된다.

① 타협　　　　② 기억　　　　③ 의견　　　　④ 관찰

6 최근 몇 년 동안 여성 음주자의 수가 급증했다는 (   )가 발표되었다.

① 경제　　　　② 통계　　　　③ 각자　　　　④ 정식

7 개인 정보를 (   ) 일을 막기 위해 세심한 주의가 필요하다.

① 결정하는　　② 침해하는　　③ 변화하는　　④ 출현하는

8 그는 주식에 (   ) 순식간에 많은 돈을 벌었다.

① 참가하여　　② 부합하여　　③ 투자하여　　④ 동반하여

9 (   ) 모양의 이 건물은 건축학을 전공하는 학생들에서 인기가 높다.

① 심각한　　　② 궁금한　　　③ 마땅한　　　④ 특이한

정답　1. ② 2. ④ 3. ③ 4. ② 5. ① 6. ② 7. ② 8. ③ 9. ④

10 이 법안이 (　　　) 참석 인원 과반수의 찬성을 얻어야 한다.

① 통과하려면　　　② 탈락하려면　　　③ 저항하려면　　　④ 작용하려면

※ [11~13] 다음 밑줄 친 부분과 의미가 가장 비슷한 것을 고르십시오.

11 이 교실 복도는 너무 좁아서 지나갈 때마다 사람들과 부딪힌다.

① 주위　　　　　② 통로　　　　　③ 크기　　　　　④ 기회

12 그는 어렸을 때 아버지가 신발 만드는 것을 보고 그 기술을 익혔다.

① 터득했다　　　② 표현했다　　　③ 발견했다　　　④ 제공했다

13 콩이 암을 예방하는 데 탁월하다는 연구 결과가 발표되었다.

① 날카롭다　　　② 색다르다　　　③ 뛰어나다　　　④ 지나치다

※ [14~15] 다음 (　　　)에 공통적으로 들어갈 단어를 고르십시오.

14
그 사람이 말할 때 침이 너무 많이 (　　　).
그 작가는 톡톡 (　　　) 대사를 쓰기로 유명하다.
차가 속도를 내어 달리는 바람에 사방으로 물이 (　　　).

① 튀다　　　　　② 날다　　　　　③ 말하다　　　　④ 퍼지다

15
연주가 끝나자 박수가 (　　　) 나왔다.
풍선이 (　　　) 버리자 아기가 울기 시작했다.
며칠간 야근을 했더니 피곤했는지 입술이 (　　　).

① 치다　　　　　② 붙다　　　　　③ 터지다　　　　④ 트이다

틀
명

cast, mold / 型 / 模子
여러 가지의 틀을 이용해 다양한 모양의 비누를 만들 수 있다.

기출 회차 25, 21회

틀다
동

to turn on / かける / 放(音乐)
버스 안에는 기사가 틀어 놓은 음악이 크게 나오고 있었다.

기출 회차 24회

파급(波及)
명

influence / 波及 / 波及
세금 제도의 개선은 국민 경제에 큰 파급을 가져올 것이다.

파급력　influence power / 波及力 / 波及力
인터넷은 대중문화에 커다란 파급력을 가지고 있다.

파급효과　ripple effect, spread effect / 波及效果 / 波及效果
스마트폰의 확산이 관련 산업에 미치는 파급효과가 크다.

기출 회차 23, 22회

파다
동

1. to dig, to excavate / 掘る / 挖掘
이 지역은 땅을 파면 어디에서나 석유가 나온다.

2. to carve / 彫る / 雕刻
나무를 칼로 파서 이름을 새기는 일은 자연을 훼손하는 일이다.

기출 회차 26회

판결(判決)
명

judgment, verdict / 判決 / 判決
이번 사건의 판결에 결정적인 영향을 미칠 만한 증거가 제시
되었다.

기출 회차 26, 23, 22회

판소리
명

Pansori, Korean traditional narrative song / パンソリ / 板索里
판소리는 이야기를 노래 형식으로 풀어가는 한국 전통 예술이다.
기출 회차 27, 23회

팽팽하다
형

to be tight / ピンと張っている / 緊绷
기타 줄은 팽팽해야 소리가 잘 난다.
기출 회차 27, 25회

펴다
동

1. to unfold, to open / 開く / 打开
소나기가 내리자 사람들은 급히 우산을 꺼내어 폈다.

2. to stretch the arms / 広げる / 伸展
엄마는 두 팔을 활짝 펴고 달려오는 아이를 안아 주었다.

3. to implement / 繰り広げる / 施展
각 지방자치단체마다 지역 환경을 보호하는 정책을 펼 계획이다.
기출 회차 27, 25, 24, 22, 21회

편(便)
명

side / 味方 / 一方
아이들이 싸울 때 부모는 어느 한쪽 편만 들어서는 안 된다.
기출 회차 26, 25회

평상시(平常時)
명

ordinary day, as usual / 平常時 / 平时
선생님의 목소리는 평상시는 작지만 교실에서는 누구보다도 크다.
기출 회차 26, 25회

평정(平靜)
명

peace calm / 平静 / 平静
그녀는 마음의 평정을 얻기 위해 혼자 여행을 떠났다.

평정심 peace of mind / 平常心 / 平常心
그는 사업에 실패했지만 평정심을 잃지 않고 열심히 살았다.

기출 회차 23, 22회

폐기(廢棄)
명

disuse, waste / 廃棄 / 废弃
비밀문서가 외부로 공개되기 전에 반드시 폐기 처리해야 한다.

폐기되다 to be discarded / 廃棄される / 废弃
폐기된 화학 물질이 흘러 들어가 바다가 오염되고 있다.

폐기물 wastes / 廃棄物 / 废弃物
산업 폐기물이 강으로 마구 버려지고 있어 환경 문제가 심각하다.

폐기하다 to discard, to scrap / 廃棄する / 废弃
노트북을 폐기하기 전에 중요한 자료를 USB에 저장했다.

기출 회차 26, 25, 21회

폐지(廢止)
명

revocation, discontinuance, abrogation / 廃止 / 废止
정부는 기업들에 대한 불필요한 세금 제도의 폐지를 결정했다.

기출 회차 26, 21회

폭(幅)
명

width, breadth / 幅 / (大)幅
주식이 큰 폭으로 떨어지자 투자자들은 매우 당황했다.

폭넓다 to be widespread / 幅広い / 广泛
그 나라는 다문화 사회를 지향하며 이민자들을 폭넓게 받아들이고 있다.

기출 회차 27, 24, 23, 21회

폭등(暴騰)

great rise, spurt / 暴騰 / 剧增
기름 값 폭등 때문에 모든 물가가 오르고 있다.

폭등하다　to soar, to skyrocket / 暴騰する / 剧增
전쟁이 일어난다는 소문이 나자 금값이 폭등하기 시작했다.

기출 회차　25, 23회

폭발적(暴發的)

explosive, tremendous / 爆発的 / 爆发性
월드컵을 개최한 후에 축구의 인기가 폭발적으로 높아졌다.
오랜만에 발표한 새 앨범이 팬들의 폭발적 반응을 불러일으켰다.

기출 회차　23, 21회

표명(表明)

expression, announce / 表明 / 表示
그의 태도는 분명히 내 의견에 대한 반대 의사의 표명이었다.

표명하다　to express / 表明する / 表明
정부는 물가 안정을 위해 노력하겠다는 강력한 의지를 표명했다.

기출 회차　27, 23회

표방하다(標榜--)

to claim / 標榜する / 标榜
유기농을 표방하는 농산물에 대한 품질 기준이 마련되어야 한다.

기출 회차　27회

표출(表出)

expression, display / 表出 / 流露
감정의 자유로운 표출이 훌륭한 작품을 탄생시킬 수 있다.

표출되다　to be experrssed / 表出される / 发泄
마음속의 불편함은 어떤 식으로든 밖으로 표출되기 마련이다.

표출하다　to express, to display / 表出する / 显现
범인을 조사할 때에는 자신의 감정을 표출해서는 안 된다.

기출 회차　25, 22, 21회

푹
 부

get a good rest / ゆっくり / 好好
감기에 걸렸을 때에는 푹 쉬어야 빨리 낫는다.

기출 회차 ▶ 27, 25회

풍속(風俗)
명

custom / 風俗 / 风俗
이웃끼리 서로 돕고 사는 것은 아름다운 풍속이라 할 수 있다.

풍속도 cultural landscape / 風俗図 / 风俗画
이 그림은 조선 시대 사람들의 생활 모습을 보여주는 풍속도이다.

명절 연휴에 고향 방문 대신 해외여행을 선호하는 것이 사회의
새로운 풍속도이다.

기출 회차 ▶ 25, 21회

피력하다(披瀝--)
 동

to express one's opinions / 披瀝する / 表露
그 선수는 출국에 앞서 올림픽 우승에 대한 강한 자신감을 피력
했다.

기출 회차 ▶ 28, 23회

피어오르다
동

to rise, to roll up / 立ちのぼる / (炊烟)升起
멀리서 연기가 피어오르는 것을 보고 불이 난 줄 알고 달려갔다.

기출 회차 ▶ 24, 23, 22회

필히(必-)
 부

surely, certainly / 必ず / 必须
출발 전에 비행기와 호텔 예약을 필히 확인하여 주십시오.

기출 회차 ▶ 28, 25, 23회

하도
부

too (much) / あまりにも / 太(多)
정리할 서류가 하도 많아서 무엇부터 시작해야 할지 모르겠다.
기출 회차 28, 23회

하락하다(下落--)
동

to fall in, to decrease / 下落する / 下跌
물가는 오르는데 월급은 하락하여 생활하기가 더욱 어려워졌다.
기출 회차 23, 21회

하루아침
명

all of sudden, suddenly, overnight / 一朝にして / 一下子
그 배우는 자고 일어나 보니 하루아침에 유명해져 있었다고
말했다.
기출 회차 27, 26회

ㅎ

※ [1~9] 다음 (   )에 알맞은 것을 고르십시오.

1 마음의 (   )을 얻기 위해 정신을 집중하는 훈련을 받고 있다.
① 평정　　　② 능률　　　③ 배양　　　④ 기준

2 광고가 소비자에게 미치는 (   ) 효과는 판매량과 비례한다.
① 배분　　　② 상징　　　③ 파급　　　④ 대표

3 사소한 다툼에서 비롯된 두 집안의 분쟁은 법원의 (   )로 끝이 났다.
① 해결　　　② 판결　　　③ 완결　　　④ 단결

4 그의 노래는 발표되자마자 사람들의 (   )인 반응을 얻었다.
① 심리적　　　② 예술적　　　③ 폭발적　　　④ 일반적

5 이사를 (   ) 많이 다니다보니 짐 싸는 데에는 전문가가 다 되었다.
① 각각　　　② 별반　　　③ 불과　　　④ 하도

6 주가가 계속 (   ) 것은 불황에 따른 투자 심리의 위축 때문이다.
① 발전하는　　　② 소유하는　　　③ 하락하는　　　④ 도달하는

7 물고기가 먹이를 물고 달아났는지 (   ) 낚싯줄이 뚝 끊어져 버렸다.
① 씩씩하던　　　② 뾰족하던　　　③ 답답하던　　　④ 팽팽하던

8 갑자기 추워진 날씨 탓에 채소가 얼어 가격이 계속 (   ) 있다.
① 선행하고　　　② 폭등하고　　　③ 감소하고　　　④ 결정하고

9 그는 목에 핏대를 세워 가며 자신의 의견을 강하게 (   ).
① 수립했다　　　② 피력했다　　　③ 기록했다　　　④ 논의했다

정답 1.① 2.③ 3.② 4.③ 5.④ 6.③ 7.④ 8.② 9.②

※ [10~13] 다음 밑줄 친 부분과 의미가 가장 비슷한 것을 고르십시오.

10 그는 회사를 그만둠으로써 자신의 불만을 <u>표출하고자</u> 하였다.

① 떠오르고자   ② 돌아보고자   ③ 드러내고자   ④ 머무르고자

11 대학 입시 정책이 발표되자 학부모 단체는 즉시 반대 의견을 <u>표명했다</u>.

① 밝혔다   ② 더했다   ③ 꾀했다   ④ 넓혔다

12 <u>평상시</u> 그답지 않게 화를 내는 바람에 나는 몹시 당황했다.

① 만일   ② 만약   ③ 평소   ④ 평균

13 지원자들은 학력증명서와 신분증을 <u>필히</u> 가지고 오시기 바랍니다.

① 아마도   ② 하여튼   ③ 마침내   ④ 반드시

※ [14~15] 다음 (　　　　　)에 공통적으로 들어갈 단어를 고르십시오.

14

가슴을 쫙 (　　　　) 자신감을 가지면 다 잘 될 거야.
새가 날개를 (　　　　) 하늘을 나는 모습이 멋있게 보였다.
이번 주부터 광고를 통해 신제품 홍보 활동을 (　　　　) 계획이다.

① 열다   ② 펴다   ③ 가지다   ④ 구부리다

15

이 나무는 산에서 (　　　　) 집 앞에 옮겨 심은 것이다.
목마른 사람이 우물을 (　　　　) 내가 먼저 전화를 걸었다.
나는 예쁜 도장을 (　　　　) 친구의 생일 선물로 줄 생각이다.

① 파다   ② 캐다   ③ 새기다   ④ 마시다

하반신 (下半身)
명

lower body / 下半身 / 下半身
그는 사고를 당한 후에 하반신이 마비되어 쓸 수 없게 되었다.

기출 회차　25, 23회

학계 (學界)
명

academia, academic world / 学界 / 学界
김 교수님의 새로운 논문은 학계에 커다란 충격을 가져왔다.

기출 회차　27, 25, 24회

학문 (學問)
명

study / 学問 / 学问
인문과학은 동서양을 합해서 가장 오래된 학문이다.

기출 회차　28, 27, 25회

한가운데
명

the (very) middle, center / 真ん中 / 当间
공원 한가운데에 분수가 있어 구경하는 사람들이 많다.

기출 회차　28, 26, 22회

한결
부

constantly, as ever / 一層 / 更加
이번 행사에는 일반 회원으로 참여하여 마음이 한결 가벼웠다.

기출 회차　28, 26회

한꺼번에
부

once, at the same time / 一度に / 一起
여러 색의 옷을 한꺼번에 빨았더니 흰옷이 푸른색이 되어 버렸다.

기출 회차　24, 22회

한눈
명

at a look / 一目 / 一览(无余)
내 방 창문을 열면 하늘과 산이 한눈에 들어올 정도로 풍경이 좋다.
기출 회차 24, 21회

한때
명

for a while, once, one time / 一時 / 一时
내일은 전국적으로 오후 한때 소나기가 올 것으로 예상됩니다.
기출 회차 26, 21회

한마디
명

a word / 一言 / 一句
신인 배우는 너무 긴장해서 대사 한마디도 못하고 무대를 내려왔다.
기출 회차 28, 24회

한몫
명

share, portion / 一役 / (助)一臂之力
음식 맛을 좋게 하는 데에는 양념이 한몫을 한다.
기출 회차 28회

한반도(韓半島)
명

the Korean Peninsula / 朝鮮半島 / 韩半岛
한반도의 평화는 세계 평화에도 큰 영향을 미친다.
기출 회차 26, 25회

한발
부

one step / 一步 / 一步
지방자치제도의 정착은 민주주의에 한발 다가서는 일이다.
기출 회차 26, 24회

한숨
명

break, rest, sigh / ため息 / 叹气
그는 무슨 걱정이 있는지 말도 없이 한숨만 내쉴 뿐이었다.

기출 회차 28, 24회

한정(限定)
명

restriction / 限定 / 限制
지원자가 많을 것을 예상하여 지원 자격에 한정 조건을 두었다.

한정되다 to be limited / 限定される / 限定
한정된 인력으로 제시간에 일을 끝내기 위해 모두가 노력하였다.

한정하다 to be restricted / 限定する / 限制
현금자동지급기에서 한 번에 출금할 수 있는 돈을 한정하였다.

기출 회차 28, 22회

한창
명 부

at the peak of / 真っ盛り / 正在
요즘 '저탄소 녹색 성장' 캠페인이 한창이다.

at the full / 真っ最中 / 正是
친구들과 한창 재미있게 놀고 있을 때 어머니께서 나를 불렀다.

기출 회차 27, 25, 24, 21회

한하다(限--)
동

to limit / 限る / 限于
국민의 권리는 필요한 경우에 한하여 법으로 제한될 수 있다.

기출 회차 27, 22회

합의(合意)
명

agreement, concurrence / 合意 / 合意
피해자와 가해자가 서로 합의를 하여 재판을 하지 않기로 결정했다.

합의점 agreed point / 合意点 / 共识
노사 간의 주장이 팽팽하여 합의점에 이르지 못했다.

합의하다 to consent, to agree / 合意する / 协议
두 기업은 서로 거래를 유지하는 계약에 합의했다.

기출 회차 28, 24, 23회

항로(航路)
명

sea route, seaway / 航路 / 航路
항로를 벗어난 비행기가 가까운 공항에 급히 착륙했다.
기출 회차 28, 27, 23회

항목(項目)
명

article, clause, item / 項目 / 項目
TOPIK 점수는 언어 영역의 각 항목 점수를 합한다.
기출 회차 24, 22회

항생제(抗生劑)
명

antibiotic / 抗生劑 / 抗生素
항생제를 많이 복용하면 부작용이 생길 수 있다.
기출 회차 23, 22회

해내다
동

to accomplish, to achieve / 成し遂げる / 做出
이 일을 저에게 맡겨 주시면 책임지고 잘 해내겠습니다.
기출 회차 26, 24, 22회

해당(該當)
명

relevant, applicable / 該当 / 相应
국가의 중요한 정책은 해당 분야의 전문가에게 맡겨야 한다.
기출 회차 27, 26, 25, 24, 23, 21회

해법(解法)
명

solution / 解法 / 解决方法
전 세계는 핵 문제에 대한 해법을 찾기 위해 노력하고 있다.
기출 회차 27, 21회

해석(解釋)
명

interpretation / 解釈 / 解析
역사는 역사가들의 주관적인 해석에 따라 달리 인식되기도 한다.

해석하다　to interpret, to analyze / 解釈する / 解釋
외국 서적의 내용을 제대로 해석하기는 어려운 일이다.

기출 회차 26, 24, 22, 21회

해설(解說)
명

explanation / 解説 / 解说
요즘은 미술관에 가면 작품 해설을 해 주는 사람이 있다.

기출 회차 26, 23, 21회

해양(海洋)
명

the ocean, the sea / 海洋 / 海洋
해양 생물을 보호하기 위해 나라 간의 공동 규칙이 필요하다.

기출 회차 27, 25, 24회

행정(行政)
명

administration / 行政 / 行政
새 정부는 행정 조직을 새로 개편한다고 발표했다.

기출 회차 28, 21회

향후(向後)
명

from now on / 今後 / 日后
전문가들은 향후 아파트 값이 더 오르지 않을 것으로 예상했다.

기출 회차 28, 27, 26회

허가(許可)
명

permission, approval / 許可 / 许可
외국 대학에 입학 허가를 받으려면 각종 서류를 구비해야 한다.

허가하다　to approve, to authorize / 許可する / 批准
정부는 새로운 민간 방송국의 설립을 허가해 주었다.

기출 회차　25, 22회

허구(虛構)
명

fiction / 虛構 / 虚拟
그 소설은 사실과 허구가 적당히 섞여 있어 더 재미있다.

기출 회차　26, 24회

허덕이다
동

to struggle / 苦しむ / 挣扎
자금 부족으로 경영난에 허덕이는 기업들이 늘고 있다.

기출 회차　28, 22회

※ [1~13] 다음 (   )에 알맞은 것을 고르십시오.

1 (   ) 국가 간의 이해관계를 조정하는 것이 외교의 기본이다.
① 기준　　　　② 해당　　　　③ 신규　　　　④ 영입

2 아나운서의 재미있는 (   )이 야구에 대한 사람들의 관심을 높였다.
① 기술　　　　② 연출　　　　③ 이론　　　　④ 해설

3 요즘 방송하는 드라마 주인공의 패션이 청소년들 사이에서 (   ) 유행이다.
① 한창　　　　② 금방　　　　③ 미리　　　　④ 아까

4 오늘날 과학기술 분야는 그 어떤 (   )보다도 빨리 발전하고 있다.
① 장비　　　　② 학문　　　　③ 문헌　　　　④ 입지

5 그의 정성 어린 고백은 그녀에게 (   ) 다가가는 계기가 되었다.
① 간혹　　　　② 결코　　　　③ 한발　　　　④ 굳이

6 시험공부를 할 때 중요한 (   )은 빨간 펜으로 표시해서 다시 보면 효율적이다.
① 항목　　　　② 경험　　　　③ 학습　　　　④ 고민

7 신도시를 개발하면서 기존의 지역을 둘로 나누어 (   ) 구역을 개편했다.
① 경기　　　　② 발달　　　　③ 변화　　　　④ 행정

8 이 소설의 결말은 읽는 사람의 (   )에 따라 다른 의미를 갖는다.
① 해결　　　　② 선정　　　　③ 해석　　　　④ 선출

9 이 행사는 먼저 신청하는 사람 100명에 (   ) 기념품을 드립니다.
① 한하여　　　　② 정하여　　　　③ 권하여　　　　④ 취하여

정답　1.② 2.④ 3.① 4.② 5.③ 6.① 7.④ 8.③ 9.①

10 지방자치단체가 쓰레기장 건설을 (　　　　　　) 지역 주민들이 크게 반대하였다.

① 위치하자　　　② 적용하자　　　③ 안내하자　　　④ 허가하자

11 정부는 이 시설을 군사적인 목적에만 (　　　　　) 사용하도록 했다.

① 결정하여　　　② 한정하여　　　③ 발견하여　　　④ 피력하여

12 이미 (　　　　　) 항목에 대해서 이유 없이 부정적 태도를 보이는 것은 옳지 않다.

① 반복한　　　② 터득한　　　③ 합의한　　　④ 담당한

13 심각한 식량난에 (　　　　　) 나라의 아이들은 굶주림으로 죽기도 한다.

① 끊어지는　　　② 허덕이는　　　③ 달아나는　　　④ 부딪치는

※ [14~15] 다음 밑줄 친 부분과 의미가 가장 비슷한 것을 고르십시오.

14 그녀는 <u>한때</u> 유명한 가수였지만 지금은 기억하는 사람이 거의 없다.

① 한번　　　② 한참　　　③ 한동안　　　④ 한걸음

15 청소를 하고 나니 집안이 <u>한결</u> 넓어 보였다.

① 보통　　　② 거의　　　③ 끝내　　　④ 훨씬

허용하다(許容--)

동

to permit, to allow / 許容する / 允许
이곳은 7세 미만의 아이에게 무료입장을 허용하고 있습니다.

기출 회차 23, 22회

허전하다

형

1. to be lonesome / 寂しい / 空虚
매일 보던 그를 보지 않게 되니 허전한 마음이 들었다.

2. to be empty / 物足りない / 空荡荡
무거운 가방을 내려놓으니 어깨가 허전한 것 같다.

3. to be empty / 空く / 饿
하루 종일 못 먹었더니 뱃속이 허전하다.

기출 회차 25, 21회

헐겁다

형

to be loose, to be baggy / 緩い / 旷(不合体)
새로 산 구두가 헐거워서 걸을 때 자꾸 벗겨진다.

기출 회차 26, 23회

헤매다

동

to wander, to roam / 迷う / 徘徊
처음 가는 곳이라 길을 헤매다가 약속 장소에 한 시간이나 늦었다.

기출 회차 26, 21회

혁신적(革新的)

명 관

innovative / 革新的 / 创新
컴퓨터와 통신 기술의 발전으로 생활에 혁신적인 변화가 일어났다.
혁신적 변화를 하지 않는 기업은 급변하는 환경에서 살아남을 수 없다.

기출 회차 27, 24회

현미경(顯微鏡)
명

microscope / 顯微鏡 / 显微镜
현미경의 발명은 눈에 보이지 않는 것을 연구하는 데 도움이 됐다.
기출 회차 24, 21회

현지(現地)
명

in-the-field, local / 現地 / 当地
관광객들은 현지 안내원과 함께 다음 장소로 이동하였다.
기출 회차 25, 23회

현행(現行)
명

current, same as at present / 現行 / 现行
현행 교육제도의 문제점이 드러나 새로운 제도를 검토 중이다.
기출 회차 24, 23, 22회

혈압(血壓)
명

blood pressure / 血圧 / 血压
혈압이 너무 높거나 낮은 것은 건강에 좋지 않다.
기출 회차 28, 24회

혈액(血液)
명

blood / 血液 / 血液
손발이 차가운 것은 혈액순환이 잘 안 되기 때문이다.
기출 회차 26, 25, 21회

협동(協同)
명

cooperation, collaboration / 協同 / 合作
기업과 대학의 산학협동은 산업 발전에 큰 도움이 될 것이다.

협동심   sprit of team work / 協調性 / 协同精神
학생들은 동아리 활동을 통하여 협동심을 기를 수 있다.
기출 회차 26회

협력하다(協力--)
동

to cooperate, to work together / 協力する / 合作
모든 나라가 서로 협력하면 더욱 평화로운 세계가 될 것이다.

기출 회차 28, 27, 23회

협의(協議)
명

consultation, discussion / 協議 / 协商
두 회사의 대표는 이번 문제를 협의하는 데 많은 공을 들였다.

기출 회차 24, 23회

형성(形成)
명

formation, development / 形成 / 形成
유아기는 아기의 성격 형성에 매우 중요한 시기이다.

형성되다　to be formed, be be built / 形成される / 形成
세계의 주요 도시들은 주로 강을 따라 형성되었다.

형성하다　to form, to develop / 形成する / 造(輿论)
건전한 여론을 형성하는 것은 언론의 주요 기능 중 하나이다.

기출 회차 27, 26, 25, 23, 22, 21회

형식(形式)
명

formality / 形式 / 形式
그 영화는 기존의 형식에서 벗어나 독특하다는 평가를 받았다.

형식적　formal / 形式的 / 走形式
자원봉사는 형식적인 참여에 그치지 않고 그 의미에 충실해야 한다.

기출 회차 27, 21회

형편(形便)
명

circumstances, conditions / 事情 / 情況
집안 형편이 어려운 학생들에게 장학금을 주는 기업이 있다.

기출 회차 27, 25, 21회

호소하다(號김--)
동

to appeal, to complain of / 訴える / 呼吁
이번 선거에서 각 후보들은 자신을 지지해 달라고 강력히 호소
했다.

기출 회차 23, 22회

호응(呼應)
명

response / 呼応 / 呼应
새로운 교육 시스템이 학생과 학부모들에게 큰 호응을 얻었다.

기출 회차 28, 27, 26, 25회

호전(好轉)
명

improvement / 好転 / 好转
경제가 좋아졌지만 부동산 시장의 호전은 아직 기대하기 어렵다.

호전되다　to get better / 好転する / 好转
일단 약을 먹고 증세가 호전되지 않으면 병원에 갈 생각이다.

기출 회차 25회

호흡(呼吸)
명

1. breath, respiration / 呼吸 / 呼吸
긴장했을 때에는 호흡을 조절하는 것이 도움이 된다.

2. interaction / 息 / 配合(默契)
이 연극은 배우와 관객의 호흡이 잘 맞아 인기가 있다.

호흡하다　to breathe, to take a breath / 呼吸する / 呼吸
모든 생물은 호흡해야 생명이 유지된다.

기출 회차 28, 24, 23, 22회

혹독하다(酷毒--)
형

to be harsh, to be hard / 厳しい / 严酷
북극곰은 혹독한 추위를 이겨 내는 방법을 가지고 있다.

기출 회차 27, 25회

ㅎ

홀로 _부

alone, by oneself / 一人で / 一个人
그는 커피숍에 홀로 앉아 책을 읽고 있었다.

기출 회차 27, 26, 24회

화물(貨物) _명

cargo, goods / 貨物 / 货物
공항의 한쪽은 수입된 화물들로 가득 차 있다.

기출 회차 27, 22회

화석(化石) _명

fossil / 化石 / 化石
화석은 고대 식물이나 동물이 땅속에 오랜 시간 묻혔던 흔적이다.

기출 회차 25, 24, 23회

화초(花草) _명

flower, flowering plant / 草花 / 花草
봄이 되자 어머니가 마당에 여러 종류의 화초를 심으셨다.

기출 회차 27, 26회

화학(化學) _명

chemistry / 化学 / 化学
이 화학 물질은 탈 때 독성이 나오니 조심하시기 바랍니다.

기출 회차 27, 25, 23회

화합(和合) _명

harmony, concord / 和合 / 和谐
기업의 발전을 위해서는 노사 간의 화합이 무엇보다 중요하다.

화합하다　to harmonize / 和合する / 融洽
어려운 일이 있어도 모두 화합하면 이겨낼 수 있다고 생각한다.

기출 회차 27, 24회

확고하다(確固--)
형

to be firm, to be solid / 確固たる / 坚定
자신의 주장에 대해 확고한 믿음을 가지고 있어야 한다.

기출 회차 26, 24회

확보(境遇)
명

securement / 確保 / 确保
경찰은 확실한 증거 확보를 위해 몇 번이나 사고 현장을 조사했다.

확보하다 to retain, to secure / 確保する / 确保
일부 분야에서는 전문 인력을 확보하지 못해 어려움을 겪고 있다.

기출 회차 28, 27, 26, 23, 21회

ㅎ

※ [1~13] 다음 (   )에 알맞은 것을 고르십시오.

1 내용과 (   )이 모두 갖춰져야 좋은 글이라고 할 수 있다.

① 마음　　　　② 책임　　　　③ 형식　　　　④ 포장

2 이 식물은 오래 전에 멸종하여 (   )으로 확인할 수밖에 없다.

① 화장　　　　② 화상　　　　③ 화분　　　　④ 화석

3 우리 모두가 적극적으로 참여해야 잘못된 여론 (   )을 막을 수 있다.

① 등록　　　　② 이성　　　　③ 형성　　　　④ 집단

4 그 연극은 관객의 (   )에 힘입어 장기 공연을 결정했다.

① 호응　　　　② 호흡　　　　③ 불평　　　　④ 불만

5 국가 대표 선수들은 우승을 목표로 (   ) 훈련을 견뎌 내고 있다.

① 적합한　　　　② 참신한　　　　③ 확고한　　　　④ 혹독한

6 민주주의 국가에서는 사유 재산을 (   ) 직업 선택의 자유를 인정하고 있다.

① 허용하고　　　　② 생성하고　　　　③ 연상하고　　　　④ 저항하고

7 기업이 경쟁력을 (   ) 위해서는 무엇보다 기술 개발이 시급하다.

① 요구하기　　　　② 확보하기　　　　③ 지지하기　　　　④ 제출하기

8 오랫동안 일하시던 아버지는 퇴직 후에 매우 (   ) 하셨다.

① 허전해　　　　② 탁월해　　　　③ 미흡해　　　　④ 초라해

9 학생들에게 부담을 주는 (   ) 교육 제도는 개선할 필요가 있다.

① 현실　　　　② 현행　　　　③ 현지　　　　④ 현대

10 주민들이 (   )을 발휘하여 폭우로 인한 피해 복구 작업을 빨리 마쳤다.

① 결심　　　　② 욕심　　　　③ 협동심　　　　④ 평정심

11 이번 축제는 남녀노소가 함께 (   ) 수 있는 좋은 기회가 될 것이다.

① 육성할　　　② 취급할　　　③ 비판할　　　④ 화합할

12 은행의 대출 감소 정책으로 중소기업들은 자금난을 (   ) 있다.

① 호소하고　　② 보호하고　　③ 수호하고　　④ 유발하고

13 두 나라가 과거에서 벗어나 서로 (   ) 관계로 발전하길 기대한다.

① 분해하는　　② 협력하는　　③ 무시하는　　④ 간섭하는

※ [14~15] 다음 밑줄 친 부분과 의미가 가장 비슷한 것을 고르십시오.

14 경제 형편이 나아지면서 문화에 대한 관심 또한 커져가고 있다.

① 계획　　　　② 책임　　　　③ 발달　　　　④ 상황

15 형제 없이 혼자 자란 나는 언니, 오빠가 있는 친구들을 항상 부러워했다.

① 온통　　　　② 간혹　　　　③ 홀로　　　　④ 결국

확산(擴散)
명

spread, diffusion / 拡散 / 扩散
세계 평화를 위해서라도 핵 확산 금지법은 반드시 지켜져야 한다.

확산되다　to be diffused / 拡散する / 扩散
아름다운 강을 되살리자는 환경 운동이 급속히 확산되고 있다.

기출 회차 25, 23, 21회

확신하다(確信--)
동

to be assured / 確信する / 坚信
그의 옷과 몸의 상처를 보는 순간 범인이라고 확신했다.

기출 회차 26, 24회

확장하다(擴張--)
동

to extend, to expand / 拡張する / 扩张
그녀는 장사를 시작하자마자 빠른 속도로 사업을 확장해 나갔다.

기출 회차 26, 23, 22회

확정(確定)
명

determination / 確定 / 确定
그는 법원으로부터 무죄 확정 판결을 받은 후에 다시 일하게 됐다.

확정되다　to be decided / 確定する / 确定
우승이 확정되는 순간, 그 선수는 말없이 눈물을 흘렸다.

기출 회차 25, 21회

환상(幻想)
명

illusion fantasy / 幻想 / 幻想
김 감독의 영화는 항상 꿈과 환상의 세계를 보여 준다.

기출 회차 23, 21회

활성화(活性化)

vitalization, invigoration / 活性化 / 激活
대학마다 순수 학문 연구의 활성화를 위한 방법을 찾고 있다.

기출 회차 27, 22회

회복(回復)

recovery, restoration / 回復 / 恢复
상황이 어려웠던 회사는 결국 회복 불가능한 상태에 이르렀다.

회복되다 to be recovered, to be restoreed / 回復する / 复苏
경기가 회복되어 기업들의 투자가 늘어날 것으로 예상된다.

회복세 recovery / 回復勢 / 恢复趋势
일주일째 하락하던 주가가 이제 회복세로 돌아섰다.

회복하다 to recover / 回復する / 恢复
보험회사는 소비자의 신뢰를 회복하기 위하여 혜택을 늘렸다.

기출 회차 27, 26, 25, 24, 23, 22, 21회

회의적(懷疑的)

to be skeptical / 懷疑的 / 怀疑(的)
많은 직원들이 회사의 투자 계획에 회의적인 태도를 보였다.
전문가들은 앞으로의 경제 상황에 대해 회의적 전망을 내놓았다.

기출 회차 21회

획기적(劃期的)

epoch-making / 画期的 / 划时代(的)
전기 자동차는 우리 생활에 획기적인 변화를 가져올 것이다.
컴퓨터 프로그램이 바둑에서 인간을 이긴 것은 획기적 사건이었다.

기출 회차 26, 24, 23, 21회

횡단(橫斷)

traversing, crossing / 橫斷 / 橫穿
그녀는 기회가 된다면 시베리아 횡단에 도전하고 싶다고 했다.

횡단보도 crosswalk / 橫斷步道 / 人行橫道
횡단보도를 건널 때는 반드시 좌우를 살피고 건너세요.

횡단하다 to traverse, to walk across / 橫斷する / 橫穿
그 사람은 일 년 동안 걸어서 국토를 횡단하고 돌아왔다.

기출 회차 28, 23회

효능(效能)
명

effect, efficacy / 効能 / 功效
이 약은 많은 실험을 통해 호흡기 질환에 좋다는 효능이 입증됐다.

기출 회차 22회

효력(效力)
명

effect, efficacy / 効力 / 效力
새 법안은 다음 달부터 법적인 효력이 발생된다.

기출 회차 27, 25, 24회

효율(效率)
명

efficiency, effectiveness / 効率 / 效率
기업은 일의 효율을 높이기 위해 직원들에게 휴가를 권하고 있다.

효율성　effectiveness / 効率性 / 效率性
신제품은 가격 대비 효율성이 뛰어나서 고객들이 매우 만족하고 있다.

효율적　to be efficient, to be effective / 効率的 / 有效
컴퓨터는 인간이 하는 일을 보다 효율적으로 처리해 준다.

기출 회차 28, 27, 24, 21회

후대(後代)
명

future generations / 後代 / 后代
그의 작품은 후대에 와서 좋은 평가를 받고 있다.

기출 회차 26, 25회

후반(後半)
명

second half / 後半 / 后期
1960년대 후반에는 섬유공업이 크게 발달하였다.

기출 회차 23, 21회

훈련(訓鍊)
명

training, exercise / 訓練 / 训练
그 선수는 혹독한 훈련을 거쳐 국가 대표로 뽑혔다.

기출 회차 28, 25, 22회

훼손(毀損) 명

damage, harm / 毀損 / 损毁
많은 건설공사로 인해 자연환경의 훼손이 심각한 수준이다.

훼손되다 to be damaged, to be injured / 毀損される / 破损
도서관에서 빌려온 책이 여기저기 훼손되어 있었다.

기출 회차 28, 23, 22회

휘두르다  동

1. to swing around, to brandish / 振り回す / 挥动
범인은 경찰에게 칼을 휘두르며 도망치고 있다.

2. to wield, to exert / 振るう / 滥用
마음대로 권력을 휘두르는 사람은 리더의 자격이 없다.

기출 회차 27, 21회

휴식처(休息處) 명

rest place, resting area / 憩いの場 / 休息空間
이 공원은 지역 주민들이 자주 찾는 휴식처이다.

기출 회차 27, 25회

흐뭇하다  형

to be pleased, to be satisfied / 満足する / 满意
부모님은 아이들의 건강한 모습을 보며 흐뭇한 표정을 짓는다.

기출 회차 23회

흐트러지다  동

to be in disorder, to be messy / 乱れる / 出皱
정장은 옷걸이에 잘 걸어 놓아야 모양이 흐트러지지 않는다.

기출 회차 27회

흔적(痕跡)
명

trace, tracks / 痕跡 / 痕迹
눈 위에 자동차가 지나간 흔적이 고스란히 찍혀 있다.

기출 회차 26, 23, 22, 21회

흔하다
형

to be common / ありふれる / 常见
고혈압은 흔한 질환이지만 아무런 증세가 없어 자각하기 힘들다.

기출 회차 27, 26, 24, 23회

흔히
부

commonly, ordinarily / よく / 常常
이 꽃은 가을이 되면 길가에서 흔히 볼 수 있다.

기출 회차 27, 26, 25, 24, 23, 22, 21회

흡수(吸收)
명

absorption / 吸収 / 吸收
이온 음료는 몸 안에서 물보다 빠르게 흡수가 이루어진다고 한다.

흡수되다 to be absorbed into / 吸収される / 渗入
흰옷에 흡수된 검은 잉크는 빼기가 쉽지 않다.

흡수하다 to absorb / 吸収する / 吸(汗)
좋은 등산복은 땀을 잘 흡수하고 외부의 물을 막아 준다.

기출 회차 26, 25, 24, 23회

흡입(吸入)
명

intake / 吸入 / 抽(脂)
과도한 지방 흡입은 생명을 위협할 수도 있다.

흡입하다 to suck / 吸入する / 吸入
공기청정기는 공기를 흡입해서 먼지를 걸러 내는 기계이다.

기출 회차 26, 21회

흥겹다(興--)
형

to be cheerful, to be exciting / 楽しい / 趣味盎然
흥겨운 사물놀이를 보면 어깨춤이 저절로 나온다.

기출 회차 27, 22회

흥미 (興味)
명

interest (in) / 興味 / (感)兴趣
그는 요리에 흥미를 느껴 요리 학원을 다니기 시작했다.

흥미롭다　to be interesting, to be exciting / 興味深い / 有趣
공부를 흥미롭게 만들어 주는 선생님은 좋은 선생님이다.

기출 회차　28, 27, 26, 25, 21회

흥분하다 (興奮--)
동

to be excited / 興奮する / 兴奋
축구 경기를 보다가 흥분한 사람들이 운동장으로 뛰어 들어갔다.

기출 회차　23, 22회

흥행 (興行)
명

box-office / 興行 / 票房
인기 있는 소설을 영화로 만들어 흥행에 성공하는 경우가 많다.

기출 회차　25, 24회

흩어지다
동

to be scattered, to be dispersed / 散らばる / 散开
목걸이가 끊어지면서 진주알이 땅바닥으로 흩어졌다.

기출 회차　26회

희생 (犧牲)
명

sacrifice / 犧牲 / 牺牲
부모님은 평생 동안 자식들을 위한 희생을 하셨다.

기출 회차　28, 21회

힘껏
부

with all one's strength / 力いっぱい / 用力
잠긴 문을 열려고 손잡이를 힘껏 밀어 보았다.

기출 회차　27, 26회

연습 문제

※ [1~11] 다음 (   )에 알맞은 것을 고르십시오.

1 이 증명서는 원본이 아니기 때문에 법적인 (   )이 없다.

① 능력　　　　② 노력　　　　③ 매력　　　　④ 효력

2 이 기술은 장기적으로 에너지 (   )을 높이고 비용을 줄여줄 것이다.

① 욕심　　　　② 효율　　　　③ 역할　　　　④ 성적

3 공공시설을 함부로 다루어 (   )을 하는 일은 민주 시민답지 못하다.

① 감상　　　　② 채용　　　　③ 훼손　　　　④ 표현

4 관계 당국은 지역 경제 (   )를 위해 재래시장에 적극적인 지원을 약속했다.

① 활성화　　　　② 자동화　　　　③ 고령화　　　　④ 최소화

5 정부는 경기가 (   ) 있다고 했지만 국민들은 느끼지 못하고 있다.

① 발견되고　　　　② 준비되고　　　　③ 회복되고　　　　④ 연결되고

6 대학 재학 중에 해외 연수를 가는 것은 (   ) 일이 되었다.

① 통한　　　　② 과한　　　　③ 정한　　　　④ 흔한

7 문이 잠겨 있어서 손잡이를 잡고 (   ) 밀어 보았지만 열리지 않았다.

① 한결　　　　② 힘껏　　　　③ 정작　　　　④ 차마

8 심각한 교통난을 해결하기 위한 (   )인 대책이 필요하다.

① 민주적　　　　② 간접적　　　　③ 독립적　　　　④ 획기적

9 주제만 (   ) 논문을 쓰는 일은 그렇게 어렵지 않을 것이다.

① 이용되면　　　　② 확정되면　　　　③ 계약되면　　　　④ 관련되면

정답 1.④ 2.② 3.③ 4.① 5.③ 6.④ 7.② 8.④ 9.②

10 할아버지는 전쟁 때 가족들이 모두 (   ) 고생을 많이 하셨다고 했다.

① 나아져　　　② 흩어져　　　③ 무너져　　　④ 부서져

11 사람과 반대로 나무는 이산화탄소를 (   ) 산소를 배출한다.

① 출연하고　　　② 반복하고　　　③ 금지하고　　　④ 흡수하고

※ [12~14] 다음 밑줄 친 부분과 의미가 가장 비슷한 것을 고르십시오.

12 그 회사는 무리하게 사업을 넓혀 어려움에 처했다.

① 확장하여　　　② 재현하여　　　③ 전달하여　　　④ 포함하여

13 이야기가 재미있게 전개되어 책에서 눈을 뗄 수 없었다.

① 자유롭게　　　② 다채롭게　　　③ 흥미롭게　　　④ 지혜롭게

14 환경 운동이 확산되면서 각 가정에서 재활용품 분리 배출이 정착되었다.

① 밀리면서　　　② 퍼지면서　　　③ 섞이면서　　　④ 빠지면서

※ [15] 다음 (   )에 공통적으로 들어갈 단어를 고르십시오.

15
범인이 칼을 (   ) 경찰이 나타났다.
그가 주먹을 (   ) 모두 한발 뒤로 물러섰다.
국민이 뽑은 대표라도 마음대로 권력을 (   ) 수 없다.

① 찌르다　　　② 누르다　　　③ 주무르다　　　④ 휘두르다

기출 사자성어(四字成語) (21회~28회)

감언이설 26회

seductive sweet talk
口車
甜言蜜语

집을 살 때에는 무조건 좋다고만 하는 감언이설甘言利說에 속지 말고 구석구석 잘 살펴보고 사야 한다.

금상첨화 22회

the icing on the cake
錦上に花を添えること
锦上添花

결혼할 사람이 성격도 좋고 잘생긴 데다가 능력까지 갖추었다니 실로 금상첨화錦上添花네요.

동문서답 25회

answer incoherently, irrelevant answer
的外れな答え
答非所问

집이 어디냐는 내 질문에 그 사람은 바쁘다며 동문서답東問西答을 하고 있다.

새옹지마 22회

a blessing in disguise
塞翁が馬
塞翁之马

세상만사가 새옹지마塞翁之馬라더니 예전에는 기쁨을 주었던 일들이 이제 와서 나를 이토록 힘들게 만들 줄은 몰랐다.

소탐대실 26회

a penny wise and a pound foolish
小をむさぼって大を失うこと
贪小失大

눈앞의 이익에만 급급하게 되면 더 큰 것을 잃을 수도 있으니 소탐대실小貪大失하지 말고 더 멀리 세상을 봐야 한다.

시기상조 24회

the time is not yet ripe
時期尚早
时机尚早

새로운 정부가 출범한 지 얼마 되지도 않은 시점에서 성공이니 실패니 말하는 것은 아직 시기상조時機尚早이다.

시행착오 22회

trial and error
試行錯誤
实行错误(走弯路)

사람이 하는 일에는 시행착오試行錯誤가 있을 수도 있는 법이니 한번 실수했다고 너무 낙심하지 마세요.

심사숙고 24회

thinking over something
深思熟考
深思熟慮

결혼은 일생일대의 가장 중요한 일이므로 성급하게 결정하지 말고 오랜 시간 심사숙고深思熟考하는 것이 좋다.

애지중지 21회

most prized treasure
非常に愛して大事にするさま
愛不釋手

1년 내내 농부들이 애지중지愛之重之 가꾼 덕분에 우리들이 신선하고 맛있는 곡식과 과일을 먹을 수 있다.

어불성설 26회

be illogical, do not hold water, lack logic
話が全く理屈に合わないこと
言不成理

사귀고 있는 사람도 없으면서 결혼부터 하겠다는 것은 어불성설語不成說이 아닐까 싶다.

위풍당당 28회

awe-inspiring and majestic appearance
威風堂々
威风凛凛

올림픽에서 우수한 성적을 거둔 우리 선수단이 <u>위풍당당</u>威風堂堂하게 입국했다.

유유자적 27회

living free from worldly cares, spending life hanging loose
悠々自適
悠然自得

나는 나이가 들면 복잡한 도시를 떠나 한적한 시골에서 <u>유유자적</u>悠悠自適한 삶을 즐기고 싶다.

일희일비 27회

alternation of joy and grief, have joy and sorrow in quick alternation
一喜一憂
亦喜亦悲

기쁜 일이나 슬픈 일이 영원히 계속되는 것은 아니므로 그때마다 <u>일희일비</u>一喜一悲할 필요가 없다.

자유자재 21회

quite freely, at one´s pleasure
自由自在
自由自在

그 야구 선수는 혹독한 훈련을 한 끝에 어떤 각도에서 날아오는 공도 <u>자유자재</u>自由自在로 칠 수 있게 되었다고 한다.

전전긍긍 27회

be trembling with fear, be filled with trepidation
戦々恐々
战战兢兢

나는 어머니가 애지중지하시던 그릇을 깬 후 혼날까 봐 <u>전전긍긍</u>戰戰兢兢했던 적이 있다.

좌충우돌 26회

great deal of trouble, going this way and that way
左右八方やたらに突き当たること、八つ当たり
横冲直闯

신입 사원은 업무도 익히기 전에 <u>좌충우돌</u>左衝右突하며 여기저기에서 문제를 일으켜 상사에게 꾸지람을 들었다.

중언부언 28회

say the same thing over again
同じ事をくり返して言うこと
说来说去

그 사람은 술에 취해서 앞뒤가 맞지 않는 말을 되풀이하면서 밤새도록 <u>중언부언</u>重言復言했다.

차일피일 27회

put off from day to day
今日·明日と延ばすこと
一天拖一天、日复一日

아들과 놀이공원에 가기로 해 놓고 <u>차일피일</u>此日彼日 미루다가 오늘에서야 약속을 지키게 되었다.

천방지축 21회

scatterbrained and reckless
愚かな者が思慮分別なくでたらめにふるまうこと
冒冒失失

선생님이 잠시 자리를 비운 사이 학생들은 <u>천방지축</u>天方地軸으로 교실을 뛰어다니며 장난을 쳤다.

천우신조 22회

god's grace, the grace of Heaven
天佑神助
天佑神助

할아버지께서 전쟁에서 살아남은 것은 <u>천우신조</u>天佑神助라고 늘 말씀하시곤 했다.

풍전등화 22회

be as dangerous as sitting on a barrel of gunpowder
風前のともしび
风中之烛

나라의 운명이 풍전등화風前燈火와도 같던 상황에서 국민들은 그 어려움을 헤쳐 나가기 우해 한 마음으로 뭉쳤다.

학수고대 24회

look forward to, wait for (a thing) with impatience
首をのばして待ちわびること
翹首以待

어머니는 군대 간 아들이 고향으로 돌아오기만 학수고대鶴首苦待하고 계신다.

형형색색 24회

all kinds(sort) of, variety of
色とりどり
形形色色

봄이 되니 형형색색形形色色의 꽃들이 피어 산 전체가 풍경화처럼 아름답게 바뀌었다.

혈혈단신 23회

by himself with no one
一人ぼっち
只身一人

그는 전쟁으로 인해 부모와 형제를 모두 잃고 혈혈단신孑孑單身의 몸이 되었다.

기출 관용 표현 (21회~28회)

가슴을 치다 23회

beat one's breast (in grief)
胸を打つ
捶胸頓足

가: 저도 이제 어른인데 우리 부모님은 아직도 매사에 간섭하셔서 정말 속상해요. 영수 씨는
　　혼자라서 정말 편하겠어요.

나: 그래도 저는 오히려 부모님의 그런 잔소리가 그립네요. 돌아가신 다음에 **가슴을 치며** 후회
　　하지 말고 부모님께 잘하세요.

가슴이 찢어지다 26회

heart break(broken heart)
胸が張り裂ける
切膚之痛

가: 왜 그렇게 우울해 보여요? 무슨 일이 있어요?

나: 고향에 혼자 계시는 어머님만 생각하면 **가슴이 찢어지게** 아파요. 같이 살 때 왜 잘해
　　드리지 못했는지 후회가 되네요.

각광을 받다 26회

be in the limelight, take center stage
脚光を浴びる
受人矚目

가: 요즘은 연기자나 가수가 되려는 사람이 많아서 그런지 오디션 열풍인 것 같아요. 방송
　　에서도 그런 프로그램이 너무 많잖아요.

나: 그러게요. 최근 젊은이들에게 **각광을 받고** 있는 직업이 연예나 방송 관련 직종이라고
　　하더군요.

고개가 수그러지다 23회

bow (someone's) head in respect
頭が下がる
肅然起敬

가: 어제 교수님 정년 퇴임식에 다녀왔다면서요?
나: 네. 30년간 한 분야를 연구하시면서 수많은 제자들을 배출하신 교수님이 존경스러워 저절로 **고개가 수그러지더군요**.

고배를 마시다 28회

go through an ordeal
苦杯を喫する
喝下苦酒

가: 그분이 이번 선거에서 낙선의 **고배를 마셔서** 정말 안타까워요. 지역 사회를 위해 열심히 일을 할 수 있는 분이라고 생각했거든요.
나: 그러네요. 다음 기회에 꼭 다시 도전해 주시면 좋겠는데…….

골머리를 썩다 25회

things causing a headache
気を揉む
費勁心血

가: 4월 1일 만우절만 되면 소방서에 장난 전화를 거는 사람들이 많아서 **골머리를 썩는다고** 하네요.
나: 그렇군요. 왜 그런 위험한 거짓말을 하는지 정말 이해할 수가 없어요.

골탕을 먹다 21회

lose out, have a bitter experience, be cheated
ひどい目に合う
吃大亏

가: 이번 휴가 때 가족들과 해수욕장에 놀러 갔다가 민박집과 음식점에서 요금을 비싸게 받는 바람에 **골탕을 먹었지** 뭐예요.
나: 고생했겠어요. 그래서 저는 사람들이 많이 몰리는 휴양지에는 별로 가고 싶지 않더라고요.

귀가 솔깃하다 23회

ear-catching story
耳寄りな話に耳を立てる
竖起耳朵

가: 얼굴이 왜 그래요? 요즘 잠을 잘 못 잤어요?

나: 홈쇼핑에서 피부에 좋다고 광고하길래 **귀가 솔깃해서** 비싼 화장품을 샀는데 내 피부에 맞지 않는 것 같아요.

귀를 기울이다 24회

give careful attention to
耳を傾ける
側耳倾听

가: 요즘 방송사나 신문사는 국민들의 의견에는 별로 **귀를 기울이지** 않고 자신들의 입장만 주장하는 것 같아요.

나: 그런 면이 없지 않죠. 언론이란 어느 한쪽으로 기울지 않고 중립적인 입장에서 공정한 보도를 해야 하는데 말이에요.

기세를 떨치다 22회

become well known for bravery(vigor, force, spirit)
勢いを振るう
气宇轩昂

가: 우리나라의 음악가들이 최근에 해외의 각종 대회에서 입상하면서 **기세를 떨치고** 있대요.

나: 예전에는 상상도 못하던 일이었는데 정말 자랑스럽네요.

꼬리를 물다 24회

follow one after another
相次いで起る
衔尾相随

가: 몇 년 전에 백화점과 다리가 무너지고 항공기가 추락하는 등 재난 사고가 **꼬리를 물어서** 사람들이 많이 불안해했던 게 생각이 나요.

나: 그렇지요. 한꺼번에 그런 일들이 연속으로 일어나게 되면 사회적 불안감이 생기는 건 당연하니까요.

꼬리를 밟히다 21회

an evil deed will be discovered
ことがばれる
露馅儿

가: 한동안 세상을 시끄럽게 만들었던 사건의 범인이 잡혔다면서요?

나: 친구 집에 숨어 있다가 이웃에게 **꼬리를 밟히는** 바람에 결국 체포되었대요.

낯이 뜨겁다 25회

shame, compromising, emberrassed
顔がほてる
感到脸红、没脸见人

가: 아까 지하철 안에서 젊은 남녀가 애정 표현을 얼마나 심하게 하는지 옆에 있던 제가 오히려
낯이 뜨거워지더군요.

나: 동감이에요. 아무리 좋아도 공공장소에서는 다른 사람들도 생각해서 예의를 지켰으면
좋겠어요.

눈독을 들이다 23회

have one's eye on
目星をつける
馋涎欲滴、眼馋

가: 계속 웃고 있는 것을 보니 무슨 좋은 일이 있나 봐요?

나: 네. 갖고 싶은 노트북이 있었는데 오랫동안 **눈독을 들이고** 있다가 오늘 드디어 샀거든요.

눈살을 찌푸리다 22회

frown, knit one's brows
眉をひそめる
双眉颦蹙

가: 정치인들 중에는 국민을 위해서 일을 하기보다 자신들의 이익만 우선하는 사람들이 있는
것 같아 **눈살을 찌푸리게** 돼요.

나: 그러게 말이에요. 그래서 정말 국민들을 위해 열심히 일을 하는 사람들까지 욕을 먹게
만드는 것 같아요.

눈에 넣어도 아프지 않다

be the apple of one´s eye
目の中に入れても痛くない
放在眼里也不疼、喻非常喜爱

가: 결혼한 지 10년 만에 아기를 낳으셨다고요?

나: 네, 간절하게 원했던 아이인 만큼 **눈에 넣어도 아프지 않을** 정도로 예쁘네요.

눈에 띄다

25회

stick out, stand out, outstand
目につく、目立つ、目に留まる
显然可见

가: 요즘은 결혼이나 육아보다 자신의 꿈이나 일을 더 중요시하는 젊은 사람들이 많은 것
    같아요.

나: 네, 그래요. 불과 10년 사이에 사람들의 가치관이 **눈에 띄게** 변한 것은 사실이에요.

눈에 불을 켜다

22회

lean and mean
目を光らす
眼里冒火

가: 현우 씨가 요즘 주식에만 빠져 있다면서요?

나: 주식뿐만 아니라 돈이 되는 일이라면 뭐든지 **눈에 불을 켜고** 달려드는 사람이라 걱정
    이에요.

눈을 돌리다

24회

turn one's eyes(attention)
目を向ける
避开视线

가: 요즘 해외로 공장을 이전하는 회사들이 늘고 있대요.

나: 비용 절감을 위해서 아무래도 국내보다 저렴한 곳으로 **눈을 돌릴** 수밖에 없겠죠.

눈 밖에 나다 27회

lose (a person´s) confidence, lose favor (with a person)
にらまれる
失去了别人的信任、招别人的厌恶

가: 찬민 씨, 수업 시간에 조용히 좀 하세요. 자꾸 그렇게 장난치면 선생님 **눈 밖에 날지도** 몰라요.

나: 미안해요. 앞으로는 주의하도록 할게요.

다리를 놓다 26회

arrange match(match making)
仲立ちをする
搭桥牵线

가: 결혼을 축하드려요. 아내 되실 분을 어떻게 만나셨어요?

나: 그 사람은 다른 부서에서 근무하고 있었는데 저희 부장님께서 **다리를 놓아** 주셔서 만나게 되었어요.

등을 돌리다 24회

turn one´s back to(on)
無関心な態度をとる
转身背对、表不理睬

가: 그렇게 친하던 영희와 수지가 도대체 왜 **등을 돌리게** 된 거야?

나: 한집에서 살기 시작한 후로 하나부터 열까지 마음이 맞지 않아서 자주 싸우더니 결국 그렇게 됐대.

말꼬리를 흐리다 28회

mumble(slur) the end of ones sentences
言葉を濁す
说话吐字不清

가: 숙제 다 했어?

나: 아니 그게······.

가: **말꼬리를 흐리는** 것을 보니 숙제를 다 못 했구나.

머리를 맞대다 27회

put (our) heads together
顔を寄せ合わせる
面对面商讨

가: 이 수학 문제는 아무리 고민해도 풀리지가 않아요.

나: 아, 그래요? 그럼 우리 **머리를 맞대고** 함께 풀어 볼까요?

머리를 숙이다 24회

bow one's head, hang down one's head
頭を下げる、感服する、敬意を表する
低头谢罪

가: 아이들에게 인기 있는 과자에서 인체에 유해한 물질이 발견되었다지요?

나: 그러게 말이에요. 해당 회사의 대표가 직접 **머리를 숙여** 사과했지만, 이미 떨어진 신뢰가
회복되기는 쉽지 않을 것 같아요.

무게를 더하다 22회

add weight to
重さを増す
增加负担

가: 결혼 전에는 미처 몰랐는데 아기가 태어나니 가장이라는 부담감에 부모로서의 책임감까지
무게를 더하네요.

나: 그렇지요. 최근에는 맞벌이를 하는 가정이 늘어나긴 했지만 아무래도 남자들이 느끼는
책임감이 더 큰 것 같아요.

물불을 가리지 않다 25회

go through fire and water
水火も辞さない
赴汤蹈火

가: 현석 씨는 한번 결심하면 끝을 볼 때까지 **물불을 가리지 않고** 뛰어드는 성격인 것 같아요.

나: 열정을 가진 것은 좋은데 아무 일에나 무조건 나서는 건 걱정이 좀 되네요.

바가지를 긁다

28회

nag, henpeck
ぐちをこぼす、がみがみ言う
字面意为刮水瓢，一般形容妻子对丈夫唠叨的情形

가: 오늘 업무도 일찍 끝났는데 회식이나 할까요?

나: 아니요. 오늘은 안 돼요. 어제도 술 마셨는데 오늘도 늦게 들어가면 아내가 **바가지를 긁을** 거예요.

바람을 일으키다

24회

bring a sensation
新風を巻き起こす
掀起热潮

가: 이번에 새로 출시한 우리 회사 스마트폰이 젊은 층에서 **바람을 일으키고** 있답니다.

나: 정말 반가운 소식이네요. 그동안 신제품 개발에 엄청난 투자를 했으니 어쩌면 당연한 일이 아닐까요?

박차를 가하다

22회

put spurs to, expedite, accelerate
拍車をかける
快马加鞭

가: 전 직원이 합심하여 애쓴 덕분에 무난하게 상반기 목표를 달성할 것으로 보입니다.

나: 모두 수고하셨습니다. 이제부터 더욱 **박차를 가해** 하반기에도 좋은 성과를 낼 수 있도록 노력해 봅시다.

발등에 불이 떨어지다

28회

be pressed by urgent business
尻に火が付く、足下に火がつく
火烧眉毛

가: 아침부터 연이 씨가 보이지 않네요. 혹시 연이 씨를 봤어요?

나: 아까 도서관에서 봤는데 **발등에 불이 떨어졌대요.** 내일 중요한 발표가 있는데 아직 못 끝내서 정신이 없다고 하더라고요.

발등을 찍히다 23회

trust is the mother of decit
背かれる
背信弃义

가: 소문 들었어요? 사장의 비서가 회사의 기밀을 빼내어 다른 회사에 팔아 넘겼대요.

나: 네. 오랫동안 함께 일했다고 들었는데 가장 믿었던 사람에게 **발등을 찍히고** 말았네요.

발목을 잡히다 24회

have one's sore spot found, give a handle to the enemy
のっぴきならない羽目に陥る
字面意为被抓住脚踝、表被事缠身

가: 이번 대회의 강력한 우승 후보였던 선수가 예선에서 신인 선수에게 패하는 바람에 본선에는
나가 보지도 못하게 되었어요.

나: 저런……. 그동안 우승만을 바라보며 달려왔을 텐데, 뜻밖의 선수에게 **발목을 잡히고**
말았군요.

발이 넓다 27회

have a wide acquaintance
顔が広い
字面意为脚宽、喻广交八方

가: 김 선생님, 이번 주말에 통역을 부탁할 외국인 친구가 있을까요?

나: 박 선생님께 한번 여쭤 보세요. 그분은 **발이 넓어서** 한국인 친구뿐만 아니라 외국인
친구도 많다고 들었어요.

손에 땀을 쥐다 23회

narrowly, at the critical moment
手に汗を握る
手里捏把汗

가: 어제 축구 경기는 그야말로 **손에 땀을 쥐게** 하는 멋진 승부였어요.

나: 맞아요. 동점에 역전, 그리고 재역전. 마지막에는 결국 승부차기를 했잖아요. 저도 보는
내내 긴장을 풀 수 없더라고요.

손에 익다 25회

be skill in
手慣れる
順手

가: 일을 굉장히 빨리 하시네요. 얼마나 오랫동안 이 일을 했어요?

나: 한 10년 정도요. 이제는 일이 **손에 익어서** 눈을 감고도 할 수 있어요.

손을 벌리다 24회

beg for help, ask for help
手を差し出して金品を要求する
伸手要钱或物

가: 낮에는 공부하랴 밤에는 아르바이트하랴, 그러다가 쓰러지겠어요. 힘들면 부모님께 도움을 좀 요청하지 그래요?

나: 아니에요. 부모님께서 지금까지 키워 주신 것만으로도 충분히 고생하셨는데 성인이 되어서도 **손을 벌릴** 수는 없죠.

손을 씻다 22회

wipe one's hands of
足を洗う、手を切る
洗手不干

가: 상습적으로 도박을 해 온 사람들이 경찰에 붙잡혔대요.

나: 그렇군요. 역시 도박은 한번 빠지기 시작하면 좀처럼 **손을 씻기** 힘든가 봐요.

순풍에 돛을 단 배 25회

go well
追風に帆を上げる
一帆风顺

가: 민석 씨, 요즘 사업이 **순풍에 돛을 단 배** 같다면서요? 축하해요.

나: 감사합니다. 요즘 경기가 좋아서 그런지 생각보다 잘 풀리네요.

숨이 트이다 21회

breathe a little easier
気が晴れる
能喘口气、表示压力有所缓解

가: 와, 정상에서 내려다보는 경치가 정말 아름답네요. 고생해서 올라온 보람이 있어요.

나: 그러네요. 한동안 등산할 시간도 없이 바빴는데 오랜만에 오니 **숨이 트이는** 것 같아요.

시치미를 떼다 22회

pretend not to know, put on a poker face
しらを切る
假装不知

가: 언니하고 싸웠니? 요즘 왜 둘이 말도 안 하고 지내?

나: 엄마가 선물해 주신 새 옷을 언니가 먼저 입고 나서 안 입었다고 **시치미를 떼잖아요.** 너무
속상해서 싸웠어요.

신경을 쓰다 26회

take care of, sit up (and do something)
神経を使う、気にする
劳心费神

가: 미선 씨가 갑자기 병원에 입원했다고 하던데 무슨 일 때문인지 아세요?

나: 원래 좀 예민한 성격이라 스트레스를 잘 받는데 이번에 졸업 시험과 논문 준비로 **신경을**
너무 많이 **쓴** 것 같아요.

얼굴이 두껍다 28회

shameless, brazen
面の皮が厚い
脸皮厚

가: 저기 쓰레기를 함부로 버리는 사람이 있네요.

나: 그래요? 여기는 보는 사람도 많은데 **얼굴이** 참 **두꺼운** 사람이네요.

이를 악물다 26회

clench(grit) one's teeth
歯を食いしばる
咬紧牙关

가: 우승을 축하합니다. 이번 경기는 지난 경기와 다른 모습이었는데 특별히 준비하신 것이 있나요?

나: **이를 악물고** 열심히 해서 좋은 결과가 나왔다고 생각합니다.

입에 대다 26회

eating food
口にする、たしなむ
吃喝东西

가: 민정 씨를 오랜만에 만났는데 얼굴이 많이 안 좋더라고요. 무슨 일이 있었나요?

나: 감기가 심하게 걸려서 며칠 동안 물 한 모금도 **입에 대지** 못했대요.

입을 모으다 27회

in chorus, with one mouth
異口同音に話す、口をそろえる
异口同声

가: 이번에 누가 '친절한 사원 상'을 받게 될까요?

나: 아마 민수 씨가 받을 것 같아요. 우리 부서의 모든 사원들이 민수 씨가 성실하고 친절하다고
입을 모아 칭찬하니까요.

입이 귀에 걸리다 25회

smile from ear to ear
喜色満面
嘴巴都挂到耳朵上了、比喻开心得合不拢嘴

가: **입이 귀에 걸린** 것을 보니 무슨 좋은 일이라도 있나 보네요?

나: 네. 제 딸이 이번에 아기를 낳았거든요. 손자의 웃는 얼굴을 떠올릴 때마다 자꾸 웃음이
나오네요.

자리를 잡다 25회

settle down, become stable
落ち着く、根を下す
定位

가: 회사를 그만두고 가게를 시작하신 지도 3년이 넘었지요? 어떠세요?
나: 처음에는 고생을 많이 했는데 이제는 **자리를 잡아서** 매출도 괜찮은 편이에요.

죽기 살기로 하다 26회

do-or-die attitude
死ぬ気でやること
拼命

가: 어머니, 작년까지는 공부를 게을리했지만 올해는 열심히 공부해서 대학에 꼭 들어갈 거예요.
나: 그래 잘 결정했다. 이번에 **죽기 살기로 한다면** 대학에 갈 수 있을 거야.

줄행랑을 놓다 21회

do a runner, escape from somebody(a place)
高飛びをする
逃之夭夭

가: 며칠 사이에 옆집 가족이 보이지 않네요.
나: 못 들었어요? 남자의 사업이 하루아침에 망하는 바람에 돈을 받으러 오는 사람들을 피해 **줄행랑을 놓고** 말았대요.

진땀을 빼다 23회

be(get) in a sweat (about something)
冷や汗をかく
出一身冷汗

가: 오늘 하루는 어떻게 지냈어요? 아기 보는 게 힘들지 않았어요?
나: 말도 마세요. 아기가 하도 울어서 달래느라 하루 종일 **진땀을 뺐다니까요**.

진을 빼다

26회

drain one's energy
精根を使い果たす
力気耗尽

가: 우리 반의 한 학생이 수업 시간에 장난을 너무 많이 치고 떠들어서 수업을 할 수가 없을
　　지경이에요. 어떻게 좋은 방법이 없을까요?

나: 수업 시간에 잔소리로 **진을 빼지** 말고 수업 후에 그 학생과 이야기를 해 보세요.

침이 마르다

26회

be intensely anxious, praise (somebody/something)
口を極めてほめちぎる
赞不绝口

가: 왕강 씨가 이번 한국어 말하기 대회에서 우승을 했대요.

나: 네, 알아요. 저한테도 오전 내내 입에 **침이 마르도록** 자랑하던걸요.

팔소매를 걷어붙이다

22회

roll up its sleeves
腕をまくる
捋起袖子

가: 몇 년 전에 유조선이 침몰하여 근처 바닷가가 기름으로 뒤덮였잖아요. 이제 다시 그 바다에
　　물고기가 돌아왔다고 해요.

나: 아, 기억나요. 그때 온 국민이 **팔소매를 걷어붙이고** 기름을 걷어 냈던 일이 생각나네요.

팔짱을 끼고 보다

22회

seeing with folded arms
袖手傍観する
袖手旁观

가: 명절에는 음식을 많이 만드니까 사람이 많을수록 좋은 것 같아요.

나: 당연하죠. 그런데 모두 바쁜 와중에 멀리서 **팔짱을 끼고 보고** 있는 저분은 누구예요?

하늘을 찌르다 28회

rend the air, powerful
勢いが激しい
高耸入云

가: 어제 뉴스 봤어요? 시청 앞에서 콘서트가 열렸는데 정말 많은 사람이 모였더라고요.

나: 저도 그 자리에 있었어요. 그 많은 사람들이 노래를 따라 부르는 소리가 **하늘을 찌를** 듯 했지요.

한눈을 팔다 26회

take one's eyes off
よそ見をする
精神溜号

가: 어제 공항에서 지갑을 잃어버렸어요. 새벽에 도착해서 내렸을 때 정신이 없었거든요.

나: 조심하지 그랬어요. 사람이 많은 곳에서는 잠시만 **한눈을 팔아도** 물건을 잃어버리기 십상 이에요.

햇빛을 보다 28회

be known to the general public, spread widely
日の目を見る
字面意为见到阳光、形容作品等终于得到人气

가: 화가 김영희 씨의 전시회에 가 봤어요? 작품들이 아주 훌륭하던데요. 그래서 그런지 사람이 정말 많더라고요.

나: 그렇군요. 살아 있을 때 그분의 작품은 인기가 없었다던데 후대에 와서 비로소 **햇빛을 보았네요.**

허리띠를 졸라매다 22회

strict economy, retrenchment
倹約する
勒紧腰带

가: 지난달에 이사하면서 가구를 많이 사서 생활비가 부족해요.

나: 그럼 이번 달엔 **허리띠를 졸라매고** 살아야겠네요.

혀를 내두르다 26회

be astonished, marvel at
舌を巻く
吃惊而吐舌头, 大大地出乎预料

가: 한국어를 배운 지 얼마 안 된 학생이 한국어 신문을 막힘없이 읽는다는 게 사실이에요?
나: 네. 그 학생의 한국어 실력에 거기에 모인 선생님들이 모두 **혀를 내두를** 정도로 놀랐어요.

활개를 치다 26회

dominate, take over
意気揚々と振る舞う
字面意为摆动双臂、此处指非法网站泛滥

가: 요즘은 영화나 음악을 불법으로 내려받을 수 있는 사이트가 **활개를 치고** 있어요.
나: 싸고 편하기는 하지만 그렇게 하다가 나중에 고소를 당할 수도 있으니 조심하세요.

기출 속담 (21회~28회)

같은 값이면 다홍치마 28회

better a castle of bones than of stones
寄らば大樹の陰
有紅裝不要素裝, 有月亮不摘星星

가: 물건이 다 똑같은데 뭘 그렇게 열심히 골라요?

나: 그렇지 않아요. **같은 값이면 다홍치마**라고 같은 돈을 주고 사지만 조금이라도 더 좋은
   것을 찾으면 좋잖아요.

구슬이 서 말이라도 꿰어야 보배 28회

nothing is complete unless you put it in final shape, no pains no gains
いかに高価な物でも用を足さねば価値がない
玉不琢不成器

가: 뭘 그렇게 열심히 하고 있어요? 아무리 바빠도 식사는 해야지요.

나: 논문을 위해 모은 자료들이 너무 많아서 정리가 힘드네요. **구슬이 서 말이라도 꿰어야**
   보배라는데 어떻게 정리해야 할지 모르겠어요.

떡 본 김에 제사 지낸다 28회

strike while the iron is hot
物のついでにやってしまうことのたとえ
借机行事

가: 오늘 우리 집에서 저녁 식사 같이 하실래요? 바닷가에 사는 친구가 싱싱한 꽃게를 보냈는데
   떡 본 김에 제사 지낸다고 꽃게탕을 끓이려고요.

나: 그래요? 정말 맛있겠어요. 꼭 갈게요.

제 눈에 안경 28회

beauty is in the eye of the beholder
あばたもえくぼ
情人眼里出西施

가: 부모님이 결혼을 반대하셔서 걱정이에요. 저만 좋으면 그만이지 왜 그렇게 반대하시는지
   정말 속상해요.

나: **제 눈에 안경**이라고 자신의 눈에는 좋게 보이지만 다른 사람들에게는 그렇지 않을 수
   있으니까 부모님이 왜 반대를 하시는지 잘 따져 보세요.

돌다리도 두드려 보고 건넌다 27회

look before you leap
石橋をたたいて渡る
石桥也要敲着过、喻三思而后行

가: 사업을 새로 시작하려고 하는데 가족들도 그렇고 주위에서 반대가 심해서 어떻게 해야
할지 모르겠어요.

나: **돌다리도 두드려 보고 건넌다**는 말처럼 여기저기 많이 알아보고 조언도 구하고 신중하게
결정하는 것이 좋겠지요.

뿌린 대로 거둔다 27회

you reap what you sow
自業自得
种豆得豆、种瓜得瓜

가: 영수 씨가 이번에 큰 성공을 거두었다면서요? 그렇게 열심히 노력하더니 정말 잘됐네요.

나: 그래요. **뿌린 대로 거둔다고** 노력한 만큼 좋은 결과가 있어서 다행이에요.

하나를 보면 열을 안다 27회

see one and you've seen them all
一を見て十を知る
举一反三

가: 이번에 새로 들어 온 그 직원은 정말 사람이 괜찮더라고요. 항상 웃는 얼굴로 인사도
잘하고 선배들에게도 아주 예의바르고요.

나: 네. 맞아요. **하나를 보면 열을 안다고** 성격도 아주 좋아서 옆에 있는 사람까지 기분이
좋아지는 것 같아요.

한 우물만 판다 27회

don't chase after another, get your teeth into one thing
とことんやりぬく
一口井挖到底

가: 수정 씨가 이번에 사법 고시에 합격했다면서요?

나: 네. 몇 년간 잠시도 쉬지 않고 열심히 **한 우물만 파더니** 정말 잘됐어요.

고생 끝에 낙이 온다 26회

every cloud has a silver lining, no pains no gains
苦は楽の種
苦尽甘来

가: 우리 아파트 앞 포장마차에서 장사를 하던 젊은 부부가 드디어 자기 가게를 얻어서 식당을 개업했대요.

나: 그래요? **고생 끝에 낙이 온** 거네요. 두 사람이 지금까지 성실하게 노력했으니까 좋은 결과가 있는 거죠. 저도 한번 가 봐야겠어요.

꿈보다 해몽이 좋다 26회

what happens here is up to interpretation
元が悪くても対処の仕方で良くできる
说得比唱得好听

가: 제가 어제 꿈에서 돼지를 봤는데 부자가 되는 꿈일까요? 새해에는 정말 좋은 일만 있었으면 좋겠어요.

나: **꿈보다 해몽이 좋다**는 말도 있잖아요. 다 잘될 거라고 생각하며 희망을 가지고 살다 보면 좋은 일이 생기지 않겠어요?

누이 좋고 매부 좋다 26회

(be) mutually beneficial, what´s good for the goose is good for the gander
両方とも得になってよいとのたとえ
两全其美

가: 너희 집의 방 하나를 나한테 빌려 주면 안 될까? 너는 집세를 받아서 좋고 나는 싼 집을 얻어서 좋고, **누이 좋고 매부 좋은** 일이잖아.

나: 그래? 마침 방 하나가 비어 있는데 잘 됐다. 언제 들어올래?

친구 따라 강남 간다 26회

willing mind makes a light foot
牛に引かれて善光寺参り
跟朋友去江南

가: 여보, 오늘 회사 동료들과 한잔해야 해서 좀 늦을 것 같아. 집에 일찍 들어가려고 했는데 빠질 수가 없는 자리라서 말이야.

나: **친구 따라 강남 간다고**, 빠질 수가 없는 게 아니라 사실은 빠지기 싫은 거 아니에요?

그물에 든 고기 25회

a person who is caught and unable to escape
捕らわれの身になり、いかんともしがたいことのたとえ
字面意为网里的鱼、形容手到擒来、轻易而有把握

가: 이번 휴가에 바다낚시 하러 갔다가 조난을 당해서 죽을 뻔했지 뭐예요. **그물에 든 고기**와 다를 바 없었는데 다행히 해양 경찰대에 구조됐어요.

나: 정말 큰일 날 뻔했군요! 무사해서 정말 다행이에요.

눈코 뜰 사이가 없다 25회

(as) busy as a bee
目が回るほど忙しい
忙得不可开交

가: 요즘 모임에도 잘 안 나와서 얼굴 보기가 힘드네요. 많이 바쁘신가 봐요.

나: 네, 회사 일을 이번 달까지 마무리해야 해서 요즘 **눈코 뜰 새 없어요**.

다 된 밥에 재 뿌리기 25회

spoil a plan which is almost accomplished
うまくいっていることを邪魔したり、水をさしたり、台無しにすることのたとえ
往做好的饭里撒灰、喻临门一脚、功亏一篑

가: 이번 권투 시합에서 우리나라 선수가 경기 내내 우세했는데 심판이 자국 선수에게 유리한 판정을 하는 바람에 지고 말았어요.

나: 그건 **다 된 밥에 재 뿌리는** 일이잖아요. 정말 너무하네요.

밑 빠진 독에 물 붓기 25회

shovel sand against the tide
焼け石に水
灌漏底之罐、填无底洞

가: 미안하지만 돈 좀 빌려 줄 수 있어……?

나: 벌써 몇 번째야? 지난번에 빌린 돈도 아직 갚지 못했잖아. 정말 **밑 빠진 독에 물 붓기**구나.

달리는 말에 채찍질한다 24회

make a person redouble his efforts, urge on a willing person
がんばっている者を激励してもっとがんばれるようにする
走马加鞭

가: 요즘 우리 아이가 마음을 잡고 공부를 정말 열심히 해요. 성적을 좀 더 올릴 수 있게 학원
   에도 보낼까 생각 중이에요.

나: **달리는 말에 채찍질하는** 건 좋은데, 무리하게 시키다가 아이가 병나지 않도록 잘 조절
   하세요.

병 주고 약 준다 24회

carrying fire in one hand and water in the other
害を及ぼしてから助けるふりをすることのたとえ
打一巴掌、揉三下儿

가: 아까 화내서 미안해. 신경이 예민해져 있을 때 네가 말을 거는 바람에 그만……. 이따가
   내가 밥 살게.

나: **병 주고 약 준다더니**……. 괜찮아. 그럴 수도 있지.

선무당이 사람 잡는다 24회

a little knowledge is a dangerous thing
生兵法は大怪我のもと
二把刀巫婆能杀人

가: 김 대리가 주식 투자를 하다가 큰 손해를 입었다면서요?

나: 네, **선무당이 사람 잡는다**더니 주식에 대해 잘 알지도 못하면서 한 번 수익을 낸 것
   가지고 너무 과한 욕심을 부린 것 같아요.

의사가 제 병 못 고친다 24회

you cannot scratch your own back
他人には色々手を焼くわりに自分の事がおろそかになること
医者不自医、人皆有所不能

가: 박 선생님이 진료하시다가 쓰러지셨대요. 그동안 수술이다 학회다 여러 가지로 과로하셔서
   건강에 이상이 생긴 모양이에요.

나: 저런, 별일 없으셔야 할 텐데…… **의사가 제 병 못 고친다**더니, 그 말이 딱 맞네요.

비 온 뒤에 땅이 굳어진다

23회

after a storm comes a calm
雨降って地固まる
风雨后才见彩虹

가: 두 사람이 크게 다퉈서 곧 헤어지는 줄 알았는데 조용한 걸 보니 이제 괜찮은가 봐요?
나: **비 온 뒤에 땅이 굳어진다**고 하잖아요. 잠시 떨어져 있는 동안 서로의 소중함을 깨닫게 된 것 같아요.

원숭이도 나무에서 떨어진다

23회

even Homer sometimes nods
猿も木から落ちる
人有失手、马有失蹄

가: 이번 김치가 너무 맵죠? 깜빡하고 고춧가루를 두 번 넣었나 봐요.
나: 음식 솜씨 좋기로 유명한 사람이 그런 실수를 하다니, **원숭이도 나무에서 떨어질** 때가 있다는 말이 맞네요.

입에 쓴 약이 몸에 좋다

23회

bitter pills may have blessed effects
良薬は口に苦し
良药苦口

가: 열심히 준비했는데 교수님께서 칭찬은 한마디도 안 하시고 문제점만 지적해 주셔서 속상하네요.
나: 속상해하지 마세요. **입에 쓴 약이 몸에 좋다**고 다음 발표에 더 잘하라고 하신 말씀일 거예요.

하늘은 스스로 돕는 자를 돕는다

23회

heaven helps those who help themselves
天は自ら助くる者を助く
天助自助者

가: 회사가 이만큼 커질 수 있었던 것은 직원들이 모두 열심히 했기 때문인 것 같아요.
나: **하늘은 스스로 돕는 자를 돕는다**고 직원 한 명 한 명이 가족처럼 열심히 일을 해 준 덕분이지요.

도랑 치고 가재 잡는다 22회

have cake and ate it too
一挙両得
字面意为收拾了水沟还抓了龙虾、喻一举两得

가: 오늘 우리 매장의 모든 제품을 30% 할인해서 판매합니다. 특히 이 화장품을 사시면 같은 것을 하나 더 드립니다.

나: 그거 하나 주세요. 이건 할인도 받고 같은 것을 하나 더 받으니 **도랑 치고 가재 잡는** 격이네요.

땅 짚고 헤엄치기 22회

swimming while touching the ground
誰にも出来る非常にたやすい仕事や出来事を意味する
比喩十拿九稳

가: 이 자료를 내일 오전까지 한국어로 번역해야 하는데 할 수 있어요?

나: 그럼요. 한국에서 산 지 7년이 되었는데 이 정도는 저에게 **땅 짚고 헤엄치기죠**.

소 잃고 외양간 고친다 22회

mend the barn after the horse is stolen.
後の祭り、泥棒を見て縄をなう
亡羊补牢

가: 건강검진을 받았는데 위가 좋지 않대요. 오늘부터라도 규칙적으로 식사를 하고 커피도 줄여야겠어요.

나: 그래요. **소 잃고 외양간 고치지** 말고 건강할 때 지켜야 해요.

원님 덕에 나팔 분다 22회

live in luxury by someone's favor
他人のお陰でいい待遇を受けることのたとえ
字面意为托县令的福吹喇叭、喻借了别人的光

가: 그 형제는 모두 사업이 잘되나 봐요?

나: **원님 덕에 나팔 분다**고 형의 일이 잘 풀리니까 같은 일을 하는 동생도 잘됐대요.

굴러 온 호박 21회

grab a golden chance, take the golden opportunity
棚からぼた餅
天上掉馅饼

가: 진호 씨는 여자 친구가 예쁘고 착하고 성실하다고 좋아하더니 자기가 먼저 헤어지자고 했
　　대요.

나: 아이고, 그 사람이 복에 겨워 넝쿨째 **굴러 온 호박**을 차 버렸네요.

세월이 약 21회

time cures all things, time is a healer
歳月が薬
岁月是抚平一切的良药

가: 회사에 첫 출근을 해 보니 너무 힘들어서 죽을 것 같아요.

나: 처음이라서 그럴 거예요. **세월이 약**이라고 시간이 흐르면 적응이 될 테니 조금만 참아
　　보세요.

지성이면 감천 21회

sincerity moves heaven
至誠天に通ず
精诚所至、金石为开

가: 할아버지의 병이 회복되셨어요. 기적 같은 일이에요.

나: **지성이면 감천**이라더니 할머니께서 열심히 돌보시는 모습에 하늘도 감동했나 보네요.

티끌 모아 태산 21회

many drops make a shower
ちりも積れば山となる
积少成多

가: 쓰던 컴퓨터가 갑자기 고장이 나는 바람에 새로운 컴퓨터가 필요한데 돈이 모자라서 걱정
　　이네요.

나: **티끌 모아 태산**이라잖아요. 오늘부터라도 조금씩 돈을 모으면 살 수 있을 거예요.